# 따듯한 기울기

# 따듯한 기울기

문경희 수필집

세종출판사

## | 책을 열며

꿈틀꿈틀, 지렁이 한 마리 대지를 긴다.
한여름의 태양을 온몸으로 펴 바르며
삶을 향해 가는 걸까, 죽음을 향해 가는 걸까.

꿈틀꿈틀, 나도 메마른 대지를 기며 여기까지 왔다.
목적지가 어디인지도 모르면서, 무작정 긴다.
지렁이 한 마리의 궤적이 내 것 같아서
점점 건조해지는 녀석의 몸에 한 바가지 물을 끼얹어 준다.
녀석이 기어이 삶을 접든, 다시 살아 어디로 가든,
나는 내 안에서 길어 올린 한 바가지 물의 힘으로
이 책을 발간한다.

꿈틀꿈틀,
느린 활자를 부추기며 나는 어디까지 가게 될까.

- 어느 팔월의 단상 -

# 차례



## 1부
## 봄, 고백의 서書를 읽다

2부

# 해바라기 훈장

## 3부

# 가을하신지요

4부

## 이삭 줍는 여자

세상 모든 것들이 발아하는 이즈음

나는 아무 것도 하지 않음으로 가장 분주하다.

도처에서 멍의 포로가 된 내가 발견된다.

그것은 바쁨도, 빠름도 나를 채근하지 못하는 절대 미혹의 시간이

얼마나 달콤한지를 이미 알아버렸기 때문인지도 모른다.

# 1부

# 봄, 고백의 서書를 읽다

# 봄, 고백의 서書를 읽다

"개비리길 안갑니까, 코앞인데…."

K선생은 여전히 전투적인 마인드의 소유자다. 그곳이 어디든 내키면 달려가는 열혈 행동파인 선생께 엉덩이 무거운 내가 얼마나 재미없는 사람으로 비쳤을 것인가. 며칠 전 개비리길 출사 영상까지 보내줬는데도 움직일 기미를 보이지 않으니 답답한 마음을 농으로 희석해서 한마디 던지시는 모양이다.

통화를 끝내고 영상을 다시 돌려본다. 남지철교를 시작으로 융단처럼 깔린 노란 유채의 물결이 환하게 열린다. 그 속을 걷는 두어 사람을 줌 아웃 시키자 한 장의 엽서 같은 아련한 스틸 컷이 완성된다. 색색의 막대사탕을 꽂아 놓은 듯한 튤립의 광장 역시 눈을 뗄 수 없다. 강과 벼랑에서 이름이 유래되었다는 개비리길의 호젓한 숲과 낙동강의 유려한 곡각, 석양을 등에 업은 빨간 풍차에 이르러 영상은 끝난다. 그러나 나는 잔영처럼 눈꺼풀 아래에 고인 풍경들을 되새기느라 The end된 액정에 멍하게 붙박인다.

그러고 보면 요즘 들어 속칭, '멍 때리는' 때가 많아진다. 설거지를 하다가도 주방창 너머에 이유 없이 빠져들고, 커피 한 잔을 들고 데크에 앉아서도 생각 없이 멍해진다. 전선 위에 나란히 앉은 참새들도, 창고 지붕 위로 뛰다시피 내려서는 커다란 까마귀도 내 '멍'에 일조를 한다. 뿐인가. 하늘도 구름도 바람도 햇살도 사지를 붙들어 맨다. 본의 아니게 습관성 멍주의자가 되어 버렸다할까. 그것은 타고난 게으름의 소치가 아니요, 나를 깊게 인도하는 사색과는 더더욱 거리가 멀다. 순전히 봄 때문이다.

바야흐로 봄. 대지는 나날이 당도하는 황홀한 고백서 같다.

겨우내 준비해 온 여망의 서체들이 또박또박 지상으로 타이핑된다. 흙을 지면紙面 삼아 매순간 새로운 활자들이 탄생한다. 어디에 눈을 두어도 읽어낼 것투성이다. 더러 조바심으로 애를 태우게 만드는 것도 있지만, 예상치 못한 곳에서 예상치 못한 전언을 만나게 되는 경우가 허다한지라 봄이면 늘 발밑을 조심해야 한다.

내가 파종한 것이든, 자연 발아한 것이든, 꽃이든, 풀이든 탄생은 그 자체만으로도 경이롭다. 결단코 절대 백지였던 곳에서 푸르디푸른 활자들이 꿈틀거리는 봄의 풍경에 미혹되지 않는 이가 있다면 그는 필시 무쇠심장의 소유자일 게다. 나이 탓일까. 요즘 들어 부쩍 엄동설한을 견뎌내고 혈서처럼 새겨지는 초록의 문장들이 건성으로 읽어지지 않는다. 반백년 너머 봄의 현장을 목도했으면서 이제야 그들의 행간에 눈을 주는 것을 아둔함이라 해야 할는지.

뾰족, 정수리를 밀어 올리는 미세한 연둣빛 정체불명을 두고 성마른 판단은 금물이다. 무엇을 쓰고자 하는지 굳이 캐려들지 않는 것이 그들을 대하는 자세다. 그저 감동적인 생명의 문장 정도로만 정의해도 충분히 진의가 파악되는 것이 그들인 까닭이다. 서서히 저마다의 타고난 함의를 드러낸 뒤라야 이름을 불러주는 일이 가능해진다. 행여 섣부르게 그들을 선언했다가는 뒤통수를 맞기 십상이다.

세상 모든 것들이 발아하는 이즈음 나는 아무 것도 하지 않음으로 가장 분주하다. 도처에서 멍의 포로가 된 내가 발견된다. 그것은 바쁨도, 빠름도 나를 채근하지 못하는 절대 미혹의 시간이 얼마나 달콤한지를 이미 알아버렸기 때문인지도 모른다.

불멍이 있고 꽃멍이 있다면 내가 자주 연출하는 장면을 봄멍이라 해볼까. 그 작고 앙증맞은 것들은 보이지 않는 지우개라도 가지고 있는지, 잠시 눈 맞추는 일만으로 내 안의 시끌벅쩍을 흔적도 없이 지워버린다. 생각도 계산도 없어진 그 자리에 봄을 견인한다.

봄의 텍스트를 주관하는 이가 누구인지는 모르나 고심에 고심을 거듭하는 흔적이 처처에서 역력하다. 진중하게 단어를 선택하고 적재적소에 수식어를 새겨 화려한 문체를 완성한다. 그러므로 spring이든 seeing이든 봄은 눈이 가장 분주해지는 계절일 수밖에 없다. 사방에서 툭툭 불거지는 봄을 읽어내기 위해서는 K선생처럼 두 발에 날개를 다는 사람도 있지만 나처럼 두 발을 묶어두는 이도 있다. 누구나 저마다의 취향대로 봄의 세리머니를 치르는 것이라고 나의 '멍'을 변호해볼까.

그것들은 보려하지 않으면 결코 보이지 않는다. 하여 엉덩이를 내려놓고 조근 조근 읽어내는 성의를 보여야 하는 것이 내가 치러야 할 최소한이다. 시도 때도 없는 '멍'이 할 일 없는 사람의 킬링 타임killing time쯤으로 치부될지는 모른다. 그러나 무에서 유가 일어나는 찰나, 내 눈에는 오직 그것만 들어오고 내 머릿속은 오직 그것만으로 풍요롭다. 굳이 봄을 찾아 나서지 않아도 이미 화사한 봄을 만나게 될지니, 그 아름다운 결박에 소소한 일상을 내어준다고 해서 손해 볼 일은 아닌 셈이다. 때로 봄의 보폭이 마뜩찮아 하루에도 몇 번씩 답 없는 답을 캐묻기도 한다. 고작 서너 시간 사이에 무어 그리 달라지는 게 있으랴마는 매번 넋을 부리게 된다. 표 나지 않게 대지가 적어나가는 고백의 서書를 토씨하나조차 놓치지 않고 읽어내려는 나만의 방책인 셈이다. 그러다가도 고백이란 전하는 일만큼이나 기다리는 일도 애탄가탄하게 된다며 저린

발을 툴툴 털고 일어선다.

아무리 탈 도시의 삶이라도 그저 '멍', 모든 것을 내려놓을 시간이 흔치는 않다. 늘 무엇인가를 하고 무엇인가를 생각하며 살아야 하는 것이 인간의 숙명인 탓이다. 그러나 내가 누리는 '멍'의 시간은 드물게 비워지는 나의 행간이므로 쉬 포기할 수가 없다.

불멍을 로망하는 사람들이 많다. 불멍을 위해 캠핑을 떠나노라 명쾌하게 고백을 하는 사람도 있다. 캠핑의 백미는 캠프파이어라 에두르는 이들도 분명 불멍을 염두에 두었으리라. 상술의 하나일 테지만 요즘은 실내에서도 불멍을 즐길 수 있는 기구까지 등장을 했다. 그러나 어느 누구도 '멍'을 낭비라 여기지 않는다. 외려 '멍'의 시간을 만들지 못해 안달인 경우도 많다. 하여, K선생의 지청구와 상관없이 조금은 당당해질 필요가 있겠다.

복잡하고 바쁜 세상을 등지고 앉은 삶이라 괜한 열등의식에 젖기도 하지만, 이곳은 '멍' 유발자들이 많다는 것이 반대급부다. 그 '멍' 속에는 늘 무언가로 빼곡히 채워야만 불안하지 않았던 나를 접어두고 만나는 위로와 각성이 있다. 들썩들

썩 몸을 푸는 대지에 멍한들 구어박는 소리를 들어야 마땅한 일은 아니라는 말이다. 외려, 계절이든 사람이든 글이든, 이해타산 없이 그저 '멍', 나를 비워 그를 품을 수 있는 대상이 더 많아졌으면 좋겠다. (2022.4)

# 라니, 날다

유난히 가뭄이 길다. 작년 이맘때는 비가 잦아 물난리였는데 올해는 물이 없어 물난리다. 본격적인 모내기를 앞두고 동네에서는 저수지 물을 푸고, 그도 모자라 낙동강에서 물을 끌어오기도 한단다. 하늘에서 내리는 물이 없는 이상 밭작물의 해갈은 요원해 보인다.

고추 모종을 꽂아 놓은 나도 속이 탔다. 논에 물을 가두기 위해 수로를 열 때마다 눈치껏 물동냥을 했다. 농사라고 내세우면 입이 부끄러워지는 우리는 하나에서 열까지 수동에 의

존해야 한다. 땀을 뻘뻘 흘리며 팔이 뻐근해지도록 물을 퍼 날랐다. 배실거리는 모종들을 향해 날이면 날마다 올 수 있는 물이 아니므로 뱃구레를 든든히 채워 놓으라고 협박성의 귀띔까지 하면서.

그런 우리가 안타까운지, 이런 가뭄에는 그렇게 해서 해결이 되지 않는다고 이웃 어르신은 고개를 절레절레 하셨다. 그러나 무작정 손 놓고 있을 수만은 없는 일이 아닌가. 심어 놓은 이상 하는 데까지는 해 볼 작정이었다.

조금씩 묻어놓은 콩도 깨도 발아율이 영 시원찮다. 어렵사리 올라온 것들은 산비둘기나 까치, 딱새 무리들까지 가세를 해서 여린 순을 끊어 먹어버리고…. 초보를 힘 빠지게 만드는 총체적 난국이지만 눈곱도 떼기 전 아침 문안부터 드리게 될 만치 중독성이 있는 곳이 집에서 백 미터쯤 떨어진 텃밭이다. 분명 그날이 그날 같은데 일주일쯤 지난 시점에서는 어떻게 달라도 달라져 있으니, 그들의 보이지 않는 생장이 신기했다. 숨바꼭질하듯 내가 눈 돌리는 시간에만 몸집을 부풀리는 것인지.

콩, 깨, 고추, 호박, 생강, 도라지, 고사리…, 어쩌다보니 조각보처럼 요모조모 욕심을 부려놓은 터다. 나는 그것들을 졸卒이라 말하고 상전이라 쓴다. 그들의 생사여탈이 내 권한 하에 놓였으므로 졸개라 하대를 해도 항명치 못할 게다. 한편, 그들, 입 없고 발 없는 존재의 생사고락이 내 손에 달렸다 생각하면 무한 책임감에서 자유로울 수 없다. 어린 왕자의 장미처럼, 내가 심었으니 내가 거두어야 할 나만의 존재들이라는 사실이 나를 한 수 접게 만든다. 모자라는 것을 보태고, 넘치는 것을 덜어주느라 한없이 고달프기도 하니 윗전과 무엇이 다르랴. 그들이 나를 거느리는지, 내가 그들을 거느리는지 헛갈리기는 하나 오늘도 어제처럼 내 일상의 많은 부분이 그곳에서 이루어진다. 마치 숨겨놓은 아방궁처럼 일단 발을 들여놓으면 시간 가는 줄을 모른다.

며칠 전 내 아방궁에 손님이 다녀갔다. 이왕 행차를 했으면 느긋하게 주인과 수인사라도 트고 갈 것이지. 식전에 나가보니 흔적만 다부지게 남겨놓고 사라진 뒤였다. 우선은 밭둑 중간쯤의 언저리에 자생하던 뽕나무가 작살나 있었다. 그렇잖아도 나무가 자랄 자리가 아니라 눈에 띌 때마다 전지가위를 들이대곤 했는데 고추가 자라면서 방패막이 노릇을 해주었던지, 뽕나무의 존재조차 잊고 지냈다. 그 사이 잎이 무성해진 뽕나무가 손님을 부른 미끼가 되었던가보다. 어찌 그리 몰강스레 훑었는지 마치 나무젓가락 몇 개를 꽂아놓은 듯했다.

거기까지는 타박할 생각이 없었다. 외려 손을 덜어주었으니 불감청고소원이었다. 문제는 고추모종 열댓 포기가 뽕나무 못지않은 몰골로 남겨졌다는 사실이었다. 얼마나 대단한 미식가이기에, 막 올라오는 연한 순만 골라 드셨는지. 아무리 나눠 먹는 셈 치겠다고 허세를 부려 봐도 속이 부글거리는 건 어쩔 수 없었다.

정체가 무엇일까. 남편은 두더쥐를 지목했다. 군데군데 지하 벙크를 만드는 달인들이다. 따라다니며 틀어막아도 도통 해결이 안 된다던 남편은 자주 그들에게 뒤통수를 맞곤 했다. 하여, 가장 먼저 용의선상에 오른 것이 두더쥐들인가 보았다. 그러나 위치적으로 석연치 않은 구석이 너무 많았다. 아무리 재주를 부린다한들 제 키를 훌쩍 웃도는 곳에 느긋하게 입질을 할 수 있을 성 싶지 않았다.

어쨌든 방책을 찾아야 했다. 울타리를 단단히 손보고 구멍은 구멍대로 철저하게 봉쇄를 했다. 더는 그들로 하여 마음

상하는 일이 없으려니. 몇 번이나 확인을 하고 빗장을 걸었다. 그러나 웬걸. 비웃듯이 다음날도, 그 다음날도 같은 참사가 일어나는 게 아닌가. 고추나 콩은 물론 막 꽃을 물기 시작하는 도라지도 왕성한 식욕을 비껴가지 못했다. 허탈했다. 열심히 싸우고는 있는데 상대가 누구인지 모르는 채 허공에 헛발질을 하는 꼴이라는 자괴감마저 들었다. 하는 수 없이 상한 고추를 대거 뽑아내고 새 모종을 사다 심었다. 겨우 가뭄을 견디고 있던 콩도 다시 씨를 묻었다.

꼬리가 길면 밟힌다던가. 며칠이 지난 아침, 드디어 범인을 특정할 수 있었다. 간이 배 밖으로 나온 녀석인지, 아예 고추 고랑에다 느긋하게 해우의 의식까지 치러 놓은 것이었다. 반들반들 윤기가 좔좔 흐르는 걸로 보아 그리 오래 지나지 않은 신선한 똥이었다. 그리고 그것들의 출처는 분명 고라니였다.

고라니인들 용의선상에 두지 않았으랴. 그러나 사방을 둘러봐도 녀석이 잠입을 할 만 한 틈은 없어 보였다. 작년에도 멀쩡하게 고라니를 막아 준 울타리였다. 새처럼 날아오르지 않는 한 녀석이 들어올 수는 없을 거라고 철석 같이 믿었는데 믿는 도끼에 야무지게 발등이 찍힌 셈이었다.

문제를 알았으니 답은 간단했다. 기존의 울타리 위로 줄을 한 겹 더 둘렀다. 그것도 금기를 선언하는 붉은 형광천으로. 더는 녀석도 어쩌지 못하리라. 사방 싱싱한 풀천지인 이 계절에 월담을 자행하고 작물을 골라가며 집중공략하니 미운털까지 단단히 박아 두었다.

오늘도 식전문안으로 하루를 연다. 한 바퀴 돌면서 불온한 기미가 느껴지지 않는 것을 확인하고서야 기세등등 돌아선다. 그때다. 멀찍이 들판 한가운데를 겅중거리는 무언가가 눈에 들어온다. 이따금 마을을 떠돌던 유기견이려니. 대수롭지 않게 여기며 걸음을 떼는데 마치 줌인 되는 화면처럼 그 생명체가 순간적으로 가까워지는 것이었다. 커다란 비닐하우스를 스치는가 했는데 개울을 건너고 급기야 수확을 앞둔 마늘논을 가로지른다. '뭐지?' 하는 사이에 녀석은 코앞으로 다가들었고 혹시 나와 부딪치는 게 아닐까 본능적으로 몸을 움츠리는 순간 눈앞을 스쳐 옆집 펜스 위를 날아오르는 것이 아닌가. 다름 아닌 건장한 체구의 고라니였다.

어쩌다 마을로 내려왔던 것인지. 거의 내 키만 한 높이를 뛰어넘는 녀석을 보고 입을 다물지 못했다. 간이 콩알보다 작다는 족속들이니, 극한의 순간을 인지하고 초능력적인 힘을 발휘한 것인지 날렵하기가 이를 데 없었다. 착지가 다소 불안정하기는 했지만 녀석은 금세 자세를 추슬러 뒷산 등성이로 사라져버렸다. 잠시잠깐동안 내가 목격했던 일에 현실감이 들지 않을 정도였다.

조만간 새로운 학설이 나올지도 모른다. 고라니들이 목하 날짐승으로 진화를 하고 있는 중이라고. 인간이 내세우는 울타리는 점점 높아지고, 입은 먹어야만 충족되니, 어쩌랴, 살기 위해서는 날개가 없어도 날아오를 수밖에. 내 두 눈으로 녀석의 비상을 확인했으니 의심을 할 수가 없다. 뛰는 놈 위에 나는 놈이라는데, 두 발 달린 인간이 나는 놈 위에 군림할 재주가 있으랴. 도리 없이 올해 농사는 고라니의 처분에 맡겨야 할 모양이다. (2022.5)

# 거우내 다방

매스컴을 통해 수 없이 접하는 농촌의 실상이지만, 막상 이사를 하고 보니 가까운 이웃은 죄 팔순 고개를 넘어가는 어르신들뿐이었다. 한 몸 건사하기도 버거운 노구를 이끌고 끝도 없이 펼쳐진 땅을 상대로 과연 무엇을 할 수 있을지. 궁금해할 사이도 없이 괴물 같은 기계를 앞세운 젊은 층들이 나타나기 시작했다. 다행스럽게도, 내가 주민이 된 거우내는 오십대 초반의 열성적인 농군들과, 한때 열성적이었으나 이젠 역전의 노장이 된 어르신들이 오순도순 인심을 버무려가고 있는 동네였다.

우선은 그들과 보폭부터 맞추어야 할 터였다. 무엇보다도 원주민들과 화합하는 일이 가장 어렵더라는 귀촌 선배들의 한 발 앞선 경험담을 교과서 삼기로 했다. 부조화를 깨기 위해서는 나를 무장해제하는 일이 먼저라는 판단이 섰다. 더 많이 가진 척, 더 많이 아는 척, 더 잘난 척…, 내가 가진 모든 '척'을 아궁이 속으로 던져버렸다. 모든 처음은 서툴게 마련이라며 내가 모르는 것을 부끄러워하지 않기로 했다. 아무리 타지인에 대한 경계심이 발동을 한다 해도 정도에 어긋나지 않는 삶이라면 불협화음으로 부대낄 이유까지는 없을 거라 자꾸만 움츠리는 나를 응원했다.

내 귀촌은 대문에서 시작되었다. 익숙한 것으로부터의 탈피라 할까. 101호, 102호…, 꼭꼭 걸어 잠근 채 숫자로 명명되어지던 폐쇄성부터 부정해보기로 했다. 있는 대로 문을 열어놓아도 마음으로 기웃거려줄 이웃이 부재한 단절의 도시를 벗어낸 기념으로 대문을 개방했다고 할까. 그것은, 영역동물처럼 내 반경에만 급급하던 나로서는 변화를 넘은 혁신이었다. 그 또한, 변하지 않고서는 변할 수 없다는 야심찬 각오에서 발로를 했을 것이다.

열어둔들 누가 선뜻 걸음을 하랴. 시끄럽고 복잡한 도시를 탈했으니 당분간은 고요를 즐기게 될 줄 알았다. 그러나 안 온 듯이 터 잡고, 없는 듯이 꼼지락거릴 것이라는 생각은 어디까지나 희망사항일 뿐이었다. 그날이 그날이고 그 사람이 그 사람인 자그마한 동네라 젊지도 늙지도 않은 낯선 이주자에게 이목이 집중될 수밖에 없었다. 무엇을 하다가 무엇을 바라고 온 사람인지, 그들은 탐색의 눈빛으로 우리를 넘겨다보았다. 타인의 눈길이 어색하기 그지없었다. 극히 사교적이거나 대인관계에 능한 처지가 못되는 터라 새삼스런 관심에 몸 둘 바를 모를 지경이었다.

새 사람을 맞는 어르신들의 방식이었을까. 아무렇지 않게 마당을 들어서며 먼저 말의 물꼬를 트기 시작하셨다. 김치 한 보시기를 들고 오는가 하면 무, 배추, 상추, 오이…, 오만 푸것들을 툭 던지듯 무심하게 내려놓으시는 것이었다. 지갑을 열어야 내 손으로 들어오던 것들이 버겁도록 제공되었다. 공으로 넙죽 받아도 되는지, 한동안은 익숙지 않은 인심에 황망해해야 했다.

자리를 권하고 차를 대접하고, 그러구러 텃밭에는 무얼 심을지, 어떻게 건사해야 할지를 전수받는 정도로 이물감이 희석되었다. 이건 이리해야 되고 저건 저리해야 되고, 어른들은 욕심껏 진두지휘를 하셨고, 땅에 관한 한 백지상태였던 내게 감사하게도 그들은 수업료 없는 스승이었다. 게다가, 씨를 주고 모종을 주며 새 터에 정착하기를 거들어 주셨다. 마디마디 옹이가 생긴 손가락으로 푹푹 흙을 여며가며 시범을 보여주시면 나는 초등학교 코흘리개처럼 두 눈을 반짝이며 그들을 따라했다. 덕분에 우리는 콩도 심고, 마늘과 양파도 심었다. 생애 첫 된장과 간장이 내 손에서 태어났고, 직접 심은 배추로 자급자족 김장을 쟁이는 쾌감을 맛보기도 했다. 스물 네 시간 활짝 열어젖힌 대문의 수훈이 가장 컸으리라.

문제는 시도 때도 없이 손을 맞아야 한다는 것이었다. 아무리 이웃사촌이라 해도 손님이라는 단어에 따라붙는 부담백배 때문에 처음에는 허둥거렸다. 색 고운 찻잔에 얌전하게 커피를 담아 나르는 것을 본 어르신들은 고개를 저으셨다. 시골에서는 감당이 안 되는 일이라고. 그래도 손님인데…. 그러나 얼마 지나지 않아 할 짓이 못 된다는 것을 깨달았다. 하루에 많게는 여남은 잔 씩 커피를 내어가는 일이 장난이 아니었다. 하는 수 없이 믹스 커피에 종이컵으로 갈아타고서야 조금 수월해졌다. 그리하여 거우내, 자그마한 마을에서 우리 집은 종종 '다방'이라 명명되기 시작했다.

해가 뜨는가 싶게 다방영업이 시작된다. 새벽 댓바람부터 일터를 누비는 사람들에게 식전 모닝커피도 제법 인기다. 고랑을 손보다가, 물꼬를 다독이다가 '다방 문열었는교?' 걸걸한 한마디를 앞세우며 대문을 들어서는 탓에 마담격인 나는 눈곱도 떼지 못한 채 부스스한 몰골로 손을 맞는 일이 다반사다. 메뉴판도, 가격표도, 영업허가도 없이 손이 끊이지 않는 곳. 거우내 다방은 현금으로도, 카드로도 계산되지 않는, 커피값이 공짜다.

분명 다방이지만 주점으로의 변신도 무시로 이루어진다. 여름이면 커피 대신 시원한 맥주를 찾는 이가 생기고, 더러 소박한 안주에 소주판도 벌어진다. 농한기나 농사가 마무리되는 때면 장작불을 피워 지글지글 삼겹살을 익히고, 냄새 따라, 소리 따라 모여든 사람들로 왁자한 분위기가 만들어지기도 한다.

나는 금세 주방장이 되어 없는 손재주로도 있는 안주 없는 안주 공수를 하느라 부산을 떨어댄다. 썰물처럼 사람들이 빠져나간 자리 역시 모두 내 몫이 되고 더러 일을 벌이는 남편에게 지청구를 늘어놓기도 하지만 사람 사는 맛은 역시 모여 부대끼는데 있는 것 같다는 생각이 들기는 한다. 나를 반납한 덕분에 점점 우리가 되어간다는 뿌듯함이 귀찮거나 싫지만은 않으니 우리의 귀촌이 그런대로 성공적으로 자리매김을 하고 있다는 뜻이라 믿고 싶다.

그러구러 석 삼년이 지났다. 아직도 대포장 믹스커피를 상자 째 쟁여 놓기는 하지만, 모든 게 그러려니다. 깍듯하던 표준어를 내려놓고 질펀하게 토박이말을 주고받는다. 이리 기웃 저리 기웃 무도, 상추도 얻는다. 주인 없는 집에 들어 필요한 물건을 허락 없이 빌려 오는 경우도 생긴다. 다방 영업 3년에 주머니는 얇아지지만 숫자로 계산되지 않는 흑자인 것만은 분명한 것 같다.

밀린 외상값이라며, 오늘은 양계를 하는 이웃에서 생닭 두어 마리를 무겁게 들고 온다. 장부 없는 외상 장부에서 필적 없는 이름이 지워진다. 시절을 되돌려 물물교환도 무시로 일어나는, 여기는 거우내 다방. 육신을 붓 삼아 삶의 후반부를 채워가는 소박한 나의 캔버스다. (2021.6)

# 덫

지난 밤 간만에 이웃 지인과 술자리를 가졌는데, 오늘 아침에 그가 급히 우릴 불러 세운다. 모 식당에서 자신과 확진자의 동선이 겹쳐진다는 것이었다. 그것을 모른 채 두세 시간 말을 섞고 잔을 부딪쳤으니.

그는 세상 미안한 표정을 지었지만 이미 엎질러진 물이었다. 노모가 계신 터라 방역 담당자의 정확한 답변을 듣기 전까지는 집밖에 머물러야겠다며 난감해하는 그를 향해 괜찮을 거라고, 불안한 위로를 나누었다. 그러나 내심 하나도 괜찮지 않았다. 좀 더 경계의 갑옷을 여미지 못한 스스로를 후회해야만 했다. 사람도 덫이 되는 세상을 실감하는 순간이었다.

자칫 덫에 걸리기라도 하면 여간 골치 아픈 것이 아니다. 한순간에 일상이 무너지는 것은 물론, 나를 넘어 공공의 적이 되고 마는 까닭이다. 호흡기를 통해 상대를 오염시킨다니, 숨을 멈추지 않는 한 언제 어디서 터질지 모르는 폭탄을 안은 것과 다를 바가 없다. 일단 민폐남 또는 민폐녀에 이름을 올리고나면 시간을 역추적하여 개인사가 까발려져도 유구무언, 감수를 해야 한다. 어디를 가고 누구를 만나 무엇을 먹었는지는 물론 숨 쉬는 일마저 죄책감을 느껴야 마땅한 분위기다. 나를 간수하는 일이 곧 남을 간수하는 일이기에 내 발이라고 마음대로 터벅거려서는 안 된다는 말이다. 덫을 피할 방도란 고작 두 발에 두려움의 족쇄를 채우고 문 안의 칩거를 이어가는 극소심 밖에 없다.

자꾸만 어수선해지는 마음을 다잡을 요량으로 남편을 채근하여 뒷산으로 향한다. 먼 들녘이 한눈에 들어온다. 뉴스에서는 집밖의 세상이 얼마나 위험한지 엄포를 놓지만, 가을을 준비해야하는 사람들이 죄 손 갈 일투성이인 농토를 어찌 외면하랴. 그들은 세상이 무너져지지 않는 한 씨를 묻어야 한다는 소명에 충실하다. 묵묵한 그들의 뚝심 덕분에 회색빛 우울한 세상 속에서도 들녘은 푸르게 버티고 있는 셈이다.

초입을 지나 수양버들 군락지로 오른다. 한때 인가며 농토였다는 곳이다. 기다렸다는 듯, 사람이 떠나버린 터를 발 빠르게 접수한 것이 수양버들이며, 덕분에 고라니나 멧돼지들만 살판이 났다고, 동네 어른들은 버려지다시피 한 이곳을 추억한다. 더는 사람의 훈김이 남아 있지 않은 곳, 덫을 피하기에 적격인 곳이다.

키다리 수양버들의 발치에 고라니 한 마리가 그림처럼 앉아 있다. 이곳으로 터를 옮긴 후 가장 친근해진 야생 동물이 고라니라 그다지 놀랍지는 않다. 처음 녀석과 맞닥트렸을 때는 기겁을 했다. 그러나 제 방귀소리에도 놀라 삼십육계를 놓는 족속들이라는 것을 알고부터는 자신감이 생겼다. 몇 번을 마주치고, 몇 번을 스쳐가며 웬만큼은 낯을 익혔으나, 여태 단 한 번도 곁을 내어주지 않는 매정한 족속들이기는 하지만.

녀석의 휴식을 방해하지 않기 위해 발소리를 죽인다. 그런들 예민한 청각이 우리를 놓쳤을 리 없다. 사람이 천차만별이듯, 그들 중에도 간담이 크고 맹랑한 놈이 있는지, 희한하게도 제법 가까이서 부스럭거리는데 꼼짝을 않는다. 녀석이 우리에게 그어놓은 마지노선이 어디쯤일까. 새삼스런 호기심으로 몇 걸음 더 다가선다.

덫에서 안전할 것이라 믿었던 곳에서 덫을 만나게 될 줄은 정말이지 몰랐다. 녀석을 단단히 옭죄고 있는 덫은 바로 굵직한 올무였다. 언제부터였는지는 모르지만, 발버둥을 칠수록 더 단단하게 조여진다는 올무가 녀석의 앞다리에 수갑처럼 채워져 있는 것이었다. 순간 심장이 벌름거렸다.

굶어 죽거나, 잡혀죽거나, 그냥 두면 결과는 빤한 일이다. 누가 무슨 목적으로 덫을 놓았는지와 상관없이 살아 있는 것은 살아 있게 해주어야 한다는 생각이 솟구쳤다. 아니, 꼭 그렇게 해주고 싶었다.

남편은 급히 집으로 되돌아갔다. 가깝지 않은 거리지만 주저 없이 나서주는 남편이 고마웠다. 연장만 챙겨오면 분명 녀석에게 자유의 날개를 달아줄 수 있을 것이었다.

'살려줄게, 걱정하지마라.'

남편을 기다리며 연신 녀석에게 말을 걸었다. 말귀를 알아듣기라도 한 듯, 잠시 발버둥을 치던 녀석은 다시 그림처럼 새초롬하게 엉덩이를 붙이고 앉았다.

드디어 굵고 억센 쇠줄을 끊어내는데 성공했다. 녀석은 절뚝절뚝 우리를 돌아섰다. 다행히 뼈에 이상이 있어보이지는 않았다. 한쪽 다리가 펀치 않으면 포식자들에게 쉬 노출될 공산이 컸지만, 옴짝달싹 자체를 허락하지 않는 올무에 비하랴. '살아라, 어찌하든 살아라.' 녀석의 꽁무니를 향해 주문과도 같은 당부를 매달아 주며 작별을 했다. 그러고 그것으로 끝이었으면 얼마나 좋았을까.

십여 미터 쯤 멀어지던 녀석이 털썩 쓰러지고 말았다. 그리고는 하얗게 눈을 뜬 채 숨이 멎어버렸다. 도무지 믿기지 않는 일이었다. 급히 주변에서 물을 떠다 입속으로 흘려 넣었지만 미동도 없었다. 그냥 두었으면 살아야겠다는 투지로라도 조금 더 버텼을까. 녀석의 허망한 마지막을 앞두고, 낑낑거리며 덫을 끊어낸 우리의 손이 미안했고, 덫을 설치한 누군가의 손이 미안했다. 녀석을 옭아맨 덫 자체가 한없이 미안했다.

녀석의 식은 몸을 묻어주기로 했다. '크르륵, 크르륵', 순하디순한 외모와 달리 괴기스럽기까지 한 녀석의 울음소리가 환청처럼 귓전에 매달렸다. 나직하게 잦아지던 숨결처럼, 녀석을 고통스럽게 만들었던 덫의 기억 따위는 감쪽같이 지워지기를 축원하는 마음이었다. 그럼에도 눈앞에서 목격한 덫의 참사는 한동안 나를 그러쥘 것 같았다.

돌아오는 길목에서 마주친 지인이 상황을 업데이트 해준다. 방역 전이었기는 하지만, 동선이 겹치기까지 사흘이라는 공백이 있어 염려하지 않아도 된다는 답변을 받았단다. 그러나 사방 덫 아닌 것이 없으니, 섣부르게 다행을 외치기에는 세상이 너무 위험할 뿐이다.

(2020.3)

# 자벌레

저물녘, 아로니아 화분에 물을 준다. 한낮의 열기를 받아내는 것만으로도 연일 녹초가 될 지경이련만, 두 포기 아로니아에게는 견뎌야 할 것이 더 있는 모양이다. 어느 불한당 같은 놈이 두 나무를 오가며 싱싱한 잎사귀를 죄 갉아 놓았다. 너덜너덜, 흥부네 집이 따로 없다. 성한 잎사귀를 골라 막 뺀 떡가래 같은 똥을 보란 듯이 걸쳐놓은 걸 보면 머지않은 곳에 범인이 있기는 한 모양인데…. 가지며 뿌리 근방을 유심히 살펴보지만 주파수에 걸리는 것은 없다.

쌀뜨물을 열심히 뿌려 준 덕분인지, 약간의 진딧물은 없어진지 오래다. 멋없이 껑충하게 키만 자라는 것은 어찌할 방도가 없다. 덩치만 컸지 아로니아 나무에 아로니아가 매달리지 않은 것 또한 내 소관은 아니리니. 내년쯤 이식移植의 후유증에서 자유로워지면 그간의 정성에 눈곱만큼이라도 보답을 하지 않을까. 여느 때와 다름없이 혼잣말을 구시렁거리며 돌아서는 참이었다.

몸을 돌리는 찰나 미세하게 꼭뒤로 매달리는 정중동靜中動의 야릇한 기척. 이럴 때 발동을 하는 것이 직감이다. 그러면 그렇지. 꼬리가 길면 밟히게 마련이거늘. 제 아무리 홍길동 같은 놈이라도 꼬리를 밟힌 바에야 어찌할 것인가. 설마하니, 제 몸 한구석을 미련 없이 끊어내고 달아나는 도마뱀은 아닐 테고.

이럴 때는 피차 틈이 관건이다. 놈은 내 눈을 피해 도망칠 틈을 찾아야 하고 나는 놈의 틈을 빼앗아야 한다. 엇갈린 틈을 놓고 정체불명의 적수와 내가 한판승부를 벌여야 할 상황이다. 어쨌거나 벌레만도 못한 인간이라는 오명을 둘러쓸 수 없는 것만은 분명했다.

내가 이미 저를 알아챘다는 사실을 눈치 채지 못하게 하는 것이 관건이다. 최대한 살며시 물조리개를 내려놓는다. 숨소리마저 낮춘 채, 바람처럼 홱 돌아서며 놈의 허를 찌르는 것이 내 전법이었다. 그러나 눈에 들어오는 것은 아무런 일도 없었다는 듯 건들거리는 아로니아 나무뿐이다. 아로니아가 한없는 보살심으로 제 살을 깎아먹는 놈들을 감싸준 게 아니라면, 만만찮은 상대임에 틀림없다.

한낱 미물 나부랭이에 농락을 당했다는 생각에 없던 오기가 발동을 한다. 놈의 죄목에 괘씸죄 하나가 추가된다. 아무리 재바른 녀석이라도 끈기에 당할 재간이 있으랴. 내친 김에 장기전이라도 불사할 작정으로 앉은뱅이 의자를 가져와 쪼그리고 앉는다. 설사 놈의 정체를 밝힌다한들, 죽일 것인가, 살릴 것인가. 딱히 죄를 물을 방도가 없기는 하지만,

그러면 그렇지. 십여 분쯤 지났을 무렵, 가지의 끝자락, 손가락 두 마디 정도가 몸을 비틀어댄다. 희한하다. 무골의 환형동물도 아니고 빳빳하던 가지가 저 홀로 오뉴월 엿가락처럼 휘어지다니. 빤히 보고서도 도무지 믿을 수가 없다.

퍼뜩 뒤란의 남편을 불렀다. 때마침, 지나가던 동네 이장님

도 들어선다. 결국 그들로 하여 녀석의 정체가 밝혀졌다. 이름 하여 자벌레, 위장술의 귀재란다. 위기상황에 처하면 마치 부러진 가지처럼 스스로를 교묘하게 '얼음 땡' 시킨다나.

그제야 언젠가 TV에서 자벌레를 보았던 기억이 난다. 오체투지 중인 어느 선승을 흉내 내 듯 온몸을 접었다 펴며 세상을 기던, 이 놈이 바로 그 놈이란 말인가. 세상을 터득하는 잣대로 제 한 몸을 택했다니 줏대 하나는 끝내주는 놈이었다. 내 몸이 읽은 것만을 신뢰하겠다는 고집이 신선해 보이기까지 했다. 팔랑귀에다 우유부단의 소치로 내가 수없이 헛짚었던 발밑을 생각하면 가히 존경스러운 놈들이 아닌가. 적의가 호기심으로 변질되는 순간, 놈들의 가면을 좀 더 확실히 까발려 봐야겠다는 생각이 든다.

희한한 놈이다. 제 신분이 탄로 난 줄을 아는지 모르는지, 어느새 가지 끝에 몸을 곧추세운 채 다시 꼼짝을 않는다. 숨도 안 쉬는지, 미동도 없다. 거뭇한 갈색에다 길쭉한 몸체는 그저 그런 나뭇가지와 똑 닮았다. '야, 너 들켰거든.' 속삭여봐도, 가지를 흔들어 봐도 오로지 '나는 나무' 한마디만 온몸으로 말한다. 맹랑한 건지, 맹한 건지.

아는 것만큼 보인다는 말이 빈말은 아닌가 보다. 정체와 수법을 알고 보니 한두 마리가 아니다. 분명 나뭇가지 같은데 툭 건드려보면 꿈틀거린다. 요즘 아이들식으로 말하면 '헐!' 이다. 자벌레도 모르는 내가 더 신기하다는 듯, 이장님은 껄껄 웃음소리를 남기고 떠나간다. 나무젓가락으로 녀석들 세 마리를 잡아 잔디 위에 내려놓으며 제 갈 길 가도록 내버려두자던 남편도 하던 일로 돌아간다. 나만 남아 자벌레와 대치중이다.

잠시 몸을 접던 녀석들이 다시 위장술을 펼친다. 의기투합이라도 한 듯, 누군가 툭 꺾어 던져 놓은 나무 조각 코스프레다. '덩그러니 잔디 위'가 그들의 안식처는 분명 아닐 터. 결국은 어딘지 모를 보금자리로 옮겨가지 않을까. 그들만의 보법으로 세상을 걸어가는 모습을 확인하고 싶어 나도 나무거나 돌이거나 움직이지 않는 그 무엇인 척 시간을 뭉개며 그들을 지켜보고 있다. 녀석들은 내가 항복을 하고 돌아서기를 기다리고, 나는 녀석들이 참다못해 '졌소!'를 외쳐주기만을 기다린다.

다리가 저려오고 주리가 틀린다. 벌써 두 시간이 다 되어

가는 데도 저러고 있으니 은근과 끈기, 인내심도 대단한 녀석들이다. 도대체 놈들은 저 고집스런 결가부좌를 언제 풀 작정인지.

어느새 해는 서산에 걸리고, 배꼽시계가 슬슬 엉덩이를 추근거린다. 체면이 깎이는 일이기는 하지만 이제 그만 승산 없는 기다림을 접어야 할까 보다. 쿨하게 자벌레의 한판승을 외쳐주고 일어선다.

(2019.7)

# 냉이꽃

작년 이맘때쯤에는 원 없이 쑥과 냉이를 캐다 날랐다. 식구라곤 고작 두 입, 먹으면 얼마나 먹는다고 틈만 나면 시퍼렇게 벼려진 칼을 챙겨 나서곤 했다. 반나절씩이나 발품을 팔아가며 한 줌 봄을 그러쥐었다고 할까.

봄이라고 다 같은 봄이랴. 분명, 포장된 봄이 갖추갖추 진열된 마트에서 지폐 몇 장으로 뚝딱 사들이는 봄과는 차원이 다를 터였다. 그러나 그것은 필요나 욕심이라기보다 낯선 곳 낯선 사람들 속에 나를 부려놓은 후 다르다는 이물감을 극복하기 위한 노력의 일환이었다.

서너 번 국을 끓이고 전도 부쳤지만 먹어 없애는 데는 한계가 있었다. 깨끗이 다듬어 냉장실에 넣어둔 채 볼 때마다 먹어야 한다는 의무감을 되새겼다. 그러나 땅을 떠난 목숨은 기다림에 인색했다. 며칠 사이에 대책 없이 새들거리는 것들을 보면서 과유불급을 되새겼지만, 그렇다고 내다버릴 수는 없는 일이었다. 결국 모조리 데쳐서 냉동실에 넣었는데 아직도 꽁꽁 얼어붙은 지난봄이 해동을 기다리고 있는 중이다.

줏대가 조금 생겼는지, 올봄엔 억지로 번잡을 떨지 않는다. 지천으로 번지는 봄 것들을 보며 봄의 도래를 확인하는 정도다. 겨우내 땅 밑에서 시난고난 보전한 목숨에 칼끝을 들이대지 않으니 몸만큼이나 마음도 편하다.

세월로 변하지 않는 게 있으랴. 요즘은 시골에서조차 달래, 냉이, 씀바귀…, 봄나물 3종 세트로 동무들을 부르던 동요가 무색해졌다. 인근의 마늘밭, 양파밭에서는 잡초를 뽑아내느라 구슬땀을 흘리고 있다. 그 중 가장 많은 족속이 냉이다. 번식력이 어찌나 좋은지 지난 가을 단단하게 멀칭해놓은 비닐을 울룩불룩 괴고 일어선다. 모난 돌이 정 맞는다더니, 눈치

없이 키 자랑을 하는 녀석부터 가차 없이 뽑혀 나온다. 산더미처럼 쌓인 냉이는 그저 발본색원으로 죄를 물어 마땅한 천덕꾸러기일 뿐이다. 한낱 풀 한 포기도 제자리를 찾지 못한 죄로 저리 치도곤을 당하는가 싶으면, 새삼스레 내 발밑을 살피게 된다.

우리 밭에도 냉이가 그득하다. 봄 농사를 위한 밑작업으로 거름을 뿌려 두었더니 먹으라는 놈은 아직 생겨나지도 않았는데 찌그러져 있었으면 싶은 놈들이 약삭빠르게 포식을 했다는 말이다. 초봄에 한 움큼을 나물로 즐겼으니 최소한의 예우는 한 걸로 치고, 푸성귀라도 심으려면 나도 그들의 끄덩이를 잡아야만 한다.

며칠을 미루다 호미를 들었다. 서서히 무르익던 나의 저의를 간파했던 것일까. 저도 목숨이라고, 절체절명의 위기 앞에서 종족보존의 본능이 발동을 했던가 보다. 약속이라도 한 듯 경쟁적으로 꽃대를 올려놓았다. 홀로로는 초라하나 군락이 만들어내는 풍광은 제법 그럴듯한 눈요깃거리다. 아슴푸레 허공을 밝히는 냉이꽃의 무리는 언뜻 몽환적이기까지 하다.

봄맛의 대표주자이기는 하나 꽃을 피워버린 냉이는 밥상

에도 오르지 못한단다. 향도 시답지 않지만, 뿌리에 심이 생긴 까닭에 쓰잘머리 없이 터만 축내는 잡것의 오명으로 도매금이 매겨지고 만다. 그것을 안 이상 냉이로서의 대우는 여기까지라고, 입으로는 매정하게 선언을 하면서도 선뜻 덜미를 낚아채지 못한 채 여러 날을 흘려보낸 참이다.

호미를 쥔 채 쪼그리고 앉아 작고 앙증맞은 꽃에 눈을 맞춘다. 작정하고 보지 않으면 보이지 않을 정도로 작디작은 하얀 꽃잎 몇 장이 냉이꽃의 내력이다. 그 모양 그대로 손톱 위에 얹으면 요즘 유행하는 네일 아트의 멋진 완성작이 될 것 같다. 꽃자리는 머잖아 씨를 남길 터. 우물쭈물하다가는 냉이의 족속들이 내 터를 죄 잠식해버릴 것이 불 보듯 빤하다. 그들은 생의 절정이라 말하고 나는 비로소 그들을 퇴치해야 할 때라고 읽는다. 그러고 보면 냉이에게 꽃은 슬픈 패러독스요, 끝을 부르는 자충수였다고 할까.

탐스러운 숭어리나 고혹적인 향과는 거리가 먼 까닭에 냉이꽃은 단 한 번도 꽃으로서의 위세를 떨어본 적이 없었을 것만 같다. 무릇 꽃이라는 단어에 마땅하게 쏟아지는 찬사 역시 그들 몫이 아니었을 게다. 막막한 대지에 목숨을 틔우는 순간, 냉이꽃은 꽃의 서자庶子처럼 저 홀로 피었다가 눈총으로 사라지는 운명을 짊어졌는지도 모른다.

글의 대지에 붓을 꽂은 난들 저 냉이꽃의 처지를 한탄할 입장이 아니기는 하다. 내로라하는 유명세는 고사하고 글쟁입네 하는 명함 한 장도 없다. 행간으로 은은한 글향이라도 뿜어낸다면 얼치기 주제라도 문사의 옆자리 정도는 탐해보겠지만 그도 아직은 요원하다. 세월만 더께로 앉히며 겨우겨우 글맥을 더듬는 주제라 하면 글의 제단에 바친 혼신을 스스로 비하하는 처사일까마는. 고집은 있어 끝내 글을 쓰는 자이고 싶은 욕망은 남몰래 하늘을 찌르니 내 글을 꽃이라 미화시키고 나면 꽃대를 올려버린 냉이처럼 삼키지도 뱉어내지도 못할 심이 어금니 사이로 씹히지나 않을는지.

수많은 삶이 경쟁적으로 피었다 지는 들길 어느 구석에서도 냉이는 꽃을 피운다. 뽑히고 뽑혀나가면서도 다시 피어 봄을 증언한다. 그것이 냉이꽃의 숙명이라 하여도 애달프기가 한량없다. 누군가 잠시 걸음을 멈추고 온유한 눈빛을 내어준다면 고통과 눈물의 시간이 보상되는 걸까. 그런 이마저 도무지 없다 한들, 하루의 첫 태양이 반갑고 저무는 노을이 아쉬

웠던 오늘 하루도 그들에게는 결코 소홀할 수 없는 삶의 대서사가 되지 않을까.

잠시 두 손을 묶어 둔 채, 사월 햇살 아래서 저 홀로 곰살궂은 냉이꽃을 배운다. (2020.4)

# 두릅대전

진정 몰랐다. 그들이 얼마나 멀티태스킹에 능한지를. 논과 밭과 집, 삼각의 꼭짓점에 정신과 육신을 붙들어 맨 채 신발 밑창이 닳도록 일상의 쳇바퀴를 돌리는 그들에게 봄을 탐할 여유는 도무지 없어 보였다. 빤히 읽으면서도 두 손 놓고 바라만 보아야 하는 것이 봄과, 봄의 부산물일 것 같았다.

무엇보다도 관심이 없는 듯한 그들의 태도가 문제였다. '바빠서', 굳이 명분을 내세우지 않아도 충분히 이해가 가는 상황이었다. 게다가 친절하게도 내게 두릅의 군락지를 알려주기까지 했다. 지나가는 말처럼, 좀 더 자라면 꺾어다가 새참으로 튀김을 해달라며 말갛게 웃던 그들에게 감추어둔 전의 따위는 있을 리 없었다. 까짓, 튀김쯤이야. 두릅의 전권을 이양이라도 받은 듯, 나는 쾌히 그러겠노라 대답을 했다.

봄보다 농번기가 먼저 찾아왔다. 논밭과 비닐하우스에서는 숨넘어가게 그들을 호출했다. 후줄근한 일복 차림의 그들은 작물들의 호명에 응대를 하느라 연일 분주했다. 예상대로 그들이 봄을 기웃거리는 기미는 보이지 않았다. 그들과 상관없이 봄은 두런두런 깊어갔고, 나는 산을 오르내리며 두릅의 기척을 살피는 것으로 소일했다. 앙상하던 가지에 물이 오르는가 싶더니 연초록 잎사귀들이 산자락을 채색하기 시작했다. 때가 멀지않았다는 대자연의 언질이었다.

하나둘 몽우리를 맺거나 촉을 틔우는 두릅을 발견했다. 그러나 너무 성급하게 샴페인을 터트릴 필요가 있으랴. 가장 적절한 순간을 위해 당분간은 그들을 아껴두기로 했다. 드물지 않게 두릅의 서식지가 있는데다가 뒷산은 이미 나의 정복지나 다름이 없는 곳이었다. 고샅을 걷는 일도 버거워하는, 팔순을 이쪽저쪽에 둔 어르신들은 애초에 무장 해제된 노장들

일뿐더러, 그나마 몇 안 되는 젊은 친구들은 바쁨의 족쇄를 찬 채 또 다른 전쟁을 치르고 있으니. 머릿속에 그간 파악한 두릅의 전도全圖를 그려가는 동안 야금야금 그들을 나포할 나의 전략에 훼방꾼은 없지 싶었다.

몇 차례 사전 답사 끝에 남편을 대동하고 산을 올랐다. 커다란 비닐봉지 하나를 챙겨 넣으며 연한 살집이 통통하게 오른 두릅 생각에 신명이 절로 났다. 있는 대로 귀찮은 티를 내며 따라나서는 남편의 코를 납작하게 만들어 줄 명분이 있었으므로 걸음을 재촉했다.

세상일이 내 뜻대로만 된다면 얼마나 좋을까. 겪을 만큼 겪었고, 부딪쳐 깨어질 만큼 깨어진 주제에도 꿈만은 늘 야무지다는 것이 행일까, 불행일까. 수없이 '깨몽'의 허망함을 학습했을지라도 꿈이란 늘 끝 간 데 모르게 치솟기만 하는 것이라서 뒤통수를 제대로 맞는 반전이라는 것도 생겨나는 것인가 보았다. 아무튼 그날은 체면 꽤나 구길 수밖에 없었다.

귀신도 곡을 할 노릇이었다. 분명 이틀 전까지만 해도 손 타지 않은 두릅순이 지천이었건만. 어느 손의 만행인지, 위압스런 가시 사이로 똑똑 순이 꺾여 나간 자리만 휑했다. 송이

째 사라졌으니 고라니의 소행은 분명 아니었다. 이슬처럼 동그마하게 진액이 고여 있는 것으로 보아 한 발 앞서 누군가가 꺾어간 모양이었다. 근거 없이 등등하던 자신감을 비웃듯 내 동선을 한 치도 비껴가지 않은 간발의 차가 나를 빈손으로 돌려 세웠다.

두릅에게도 성장할 틈을 주어야 하므로 날마다 손을 벌릴 수는 없는 일이었다. 그러나 이삼일을 묵히고 찾은 두릅의 군락은 번번이 내게 허탕을 놓았다. 탈래탈래 산을 내려오노라면 먼 들녘은 뜨거운 노동의 현장이 펼쳐져 있곤 했다. 땀과 먼지로 범벅이 된 사람들을 향해 두릅의 행방을 물을 수도 없고….

누굴까. 용의선상에 떠올릴 수 있는 얼굴이라 해봐야 고작 몇에 불과한 동네다. 믿는 도끼에 발등이 찍힌다고 막상은 뒤김타령의 당사자들이 범인일 수도 있겠다. 아니, 등잔 밑이 어둡다는 말처럼 애초에 내가 열외를 시켰던 어르신들은 아닐까. 사방 의심의 눈초리를 들이댔으나 딱히 짐작이 가는 이는 없었다.

어딜 다녀오느냐. 동네 초입에서 해바라기를 하던 어르신들은 말로 나를 탐색하곤 했다. 머쓱하게 손을 탈탈 터는 것으로 답을 대신할 밖에 없었지만 선전포고도 없이 내 영역을 침범해버린 누군가들에게 참패를 당한 기분이 썩 유쾌하지만은 않았다. 그런 내가 안쓰러운지, 이맘때면 타지인들이 동네 뒷산에서 두릅을 싹쓸이 해간다고 말씀을 하셨다. 들머리에 주차를 해놓고 산을 오르는 이들이 있었다는 '카더라' 통신도 전해주셨다. '아, 네에.' 나는 바보 도 통하는 소리를 흘리며 돌아서야 했다.

의문은 며칠 뒤에야 윤곽을 드러냈다. 그날도 겨우 눈 먼 몇 개로 만족을 하며 돌아오는 중이었다. 윗집 어르신께서 지그시 나를 불러 세우더니 제법 씨알이 굵은 두릅을 한 주먹이나 쥐어주시는 것이었다. 나는 굳이 출처를 묻지 않았고, 어르신도 별다른 말씀은 없으셨다. 그나마라도 싫어서 튀김을 했고, 동네의 가벼운 술자리에 안주로 내었더니 그 중 한 아재 왈, 자기 집에도 두릅이 좀 있더라나. 야릇한 배신감과 함께 피식, 헛웃음이 났다. 충무공도 아니건만, '내 두릅 산행을 동네에 알리지 않겠다'는 것이 그들만의 전술이었던가 보았다. 프로들의 세계에 겁 없이 뛰어든 아마추어의 야무졌던 꿈은 그렇게 막을 내렸다.

그런들 봄이 올 한 해뿐일까. 해마다 두릅대전은 펼쳐질 것이다. 비록 당분간은 이삭줍기로 만족을 해야겠지만, 시간을 뭉개다보면, 시작도 없이 시작되고 끝도 없이 끝나는 전쟁에서 내가 기선을 잡게 되는 날도 올 테니까. (2021.4)

# 꽃 따는 여자

똑. 똑. 똑.

꽃은 단음절의 언어로 내게 온다. 두 마디, 세 마디, 중언부언 따위로 약한 모습을 보이지 않겠다는 거다. 손끝으로 전해지는 꽃의 허세 덕분에 절정의 순간을 꺾는 일이 조금은 덜 미안하다.

세상에 눈 떴다는 죄로 이슬과 함께 왔다가 이슬보다 먼저 스러져 가는 꽃, 금화규다. 아침마다 내 손에서 단두斷頭의 형벌을 치르고 있는 그들은 자신의 의지와 상관없이 '피다'에서 '지다'까지의 거리가 가장 짧은 꽃이 되는 셈이다.

지인을 통해 한 SNS를 소개 받고 열심히 눈도장을 찍던 중에 얻어들은 정보에 의하면 요즘 인기가도를 달리는 꽃이란다. 인터넷을 뒤져보니, 세계적인 시장조사 기관 중 한 곳에서 선정한 가장 핫hot한 성분이 콜라겐이라는데, 그 중 흔치 않으면서도 여성들이 선호하는 식물성 콜라겐과 에스트로겐이 다량 함유되어 있는 식물로 금화규를 소개하고 있었다. 꽃을 필두로 줄기나 뿌리에까지 노화를 지연시키고 만성병을 완화하는 성분이 들어 있단다. 그것이 사실이라면 불로초에 버금가는 귀물이라는 말이다.

사실, 그 효력을 철석같이 믿었던 것은 아니다. 좋은 세상 오래 살기 위한 방편으로 꽃욕심을 낸 것도 아니었다. 그저, 사방 둘러 흙이 없던 곳에서 사방 둘러 흙 아닌 곳이 없는 곳으로 옮겨온 참에 무엇이든 심고 거두어보겠다는 별난 의욕으로 충천해 있을 때 내 눈에 띈 것이 그들이었을 뿐이다.

어찌어찌 금화규의 씨앗 몇 톨이 내 손에 들어왔다. 때맞추어 씨를 묻고 간간 물을 주어가며 관찰모드에 돌입했다. 그러나 무소식에 무소식으로 좀처럼 함구를 풀지 않는 녀석들이었다. 아침마다 눈도장을 찍었지만 아침마다 바람을 맞았다. 조급증은 오기로 바뀌고, 때로는 무엇을 기다리는 것인지조차 모호한 채로 파종한 터에 쪼그리고 앉았다. 밀당의 고수인지, 씨앗은 지쳐 포기하는 마음이 생길 즈음에야 발아를 하고 싹을 밀어 올렸다.

모종이 자리를 잡고 이파리가 애기손바닥만큼 앙증맞아졌을 즈음 이식을 해주었다. 서로 부대끼지 않도록 적정 거리를 만들어 주는 일이었다. 생장에 가속이 붙는가 싶더니 얼마지 않아 화단 한 귀퉁이가 키다리 금화규로 채워졌다. 푸른 잎이 무성해질수록 꽃에 대한 기대치도 커졌다. 씨앗을 채취하기 위해 날마다 꽃이 지기를 기다려야 했다는 어느 작가의 자조 섞인 글처럼, 야박하게도, 나 역시 싱싱한 꽃을 더 많이 취하기 위해 그들의 생장을 충심으로 거들었던 셈이다.

황금해바라기라고도 불리는 금화규는 하루살이 꽃이다. 어느 유행가 가사처럼, '아침에 피었다가 저녁에 지고 마는' 속성을 가졌다. 하여, 피는가 싶게 거둘 수 있는 부지런함만이 원하는 바를 이루게 해준단다. 긴 시간을 별렀던 만큼, 눈을 떠서 가장 먼저 하는 일이 그들, 꽃의 목숨을 거두는 일이 되어버렸다. 단 한 송이도 허투루 시들어가는 것을 용납하지 않겠다는 듯 알뜰하게도 따 재끼는 중이다. 도대체 무슨 짓을 하는 거냐고. 누군가 매정한 내 손을 질타할 것 같아서 가시에 찔리는 줄도 모르고 연신 꽃대궁을 그러쥐었다.

아침이면 꽃은 이슬을 머금은 채 함초롬히 허공을 켜고 있다. 장정 주먹만큼이나 시원스럽게 내질러 놓은 숭어리에다가 원색으로 자신을 칠갑하지 않는 수수한 꽃. 고혹적인 향기라도 뿜어낸다면 외연에서 생기는 2%의 부족분을 상쇄할 터이건만 그마저도 시답잖다. 그저 노리끼리 무덤덤하게 만개하는 꽃이다.

그럼에도 꽃은 꽃이 아닌가. 세상 가장 아름답고 귀한 것의 상징이 꽃이다. 한 순간도 꽃처럼 살아내지 못한 주제를 생각하면 참으로 유구무언, 염치없는 짓이기는 했다. 마음은 그렇듯 감성적이나 손은 다분히 이성적이라 마음 따로 손 따로였던 것이 꽃의 참상에 대한 변명이랄까.

꽃의 수액이 손끝으로 미끄덩거린다. 콜라겐의 증거다. 금화규에게 콜라겐이란 무엇일까. 그로 하여 존재의 가치가 격상되지만, 그로 하여 피우기 무섭게 꽃을 탈취당하는 숙명적인 내포內包라 할까. 쥐도 새도 모르게 품고 있을 것이지. 눈 밝은 인간들에게 속엣 것을 죄 들켜버린 것이 금화규의 실수였다.

꽃받침을 제거하고 수술을 끊어내자 꽃은 더 이상 꽃이 아닌 몰골로 너풀너풀 주저앉는다. 꽃의 결기가 남아있는 순간을 훼손하지 않기 위해 설렁설렁 흔들어 헹군다. 적당히 물기가 가셔지기를 기다려 건조기를 돌리는 일만 남았다. 고온의 열기에 쫓겨 막다른 골목에 서면 꽃은 미약하나마 색도 향도 제 안으로 가둔다. 그렇게 꽃의 시간을 박제하는 것이 요즘 내 일과 중의 하나다.

새로 장만한 유리병 속에는 어느새 마른 꽃이 가득하다. 얼마 전, 친정어머니와 동생들에게 말린꽃을 두루 나누어 주었다. 이따금 들르는 동네 어르신들께도 노랗게 우러난 꽃차를 대접했다. 본의 아니게 공범이 되고 말았지만, 꽃, 그 순수의 절정이 도륙되는 것을 보지 못한 그들은 우아하게 꽃차 한 잔의 여유를 즐겨도 좋을 것이다. 그들의 향기로운 시간을 지켜주기 위해서라도 내 손에 묻힌 꽃의 피를 끝내 숨길 참이다.

(2019.8)

저 꽃 몇 송이의 문제가 아닌 거 같아.

내 안에 또 다른 해바라기가 없다고 어찌 장담을 하겠어.

여태 내가 안다고 생각했던 것, 확고하다고 믿었던 지식이라는 것이

실상 얼마나 부실한 토대를 가진 것인지 모른다 싶으니까

갑자기 발밑이 아뜩해지더라고.

# 2부

# 해바라기 훈장

# 내심

"세상에. 있잖아요. 어제, 유기견인지, 야생 갠지는 모르지만, 산에서 내려온 커다란 개 한 마리가 고라니를 덮쳤어요. 뒷다리깨를 콱 문 채 질질 끌고 산으로 올라가는데, 왜 우리 윗집 있잖아요, 컨테이너 집. 그 집 밭 근처에서 그랬거든요. 마침 그 집 아저씨가 고라니 비명소리를 듣고 나와서 고함을 지르고 돌을 던지고 하는 바람에 개가 고라니를 놓쳤나 봐요. 그 틈에 고라니가 도망을 가긴 했는데…."

"형님, 고라니 잡아 죽이야 됩니더. 심는 거마다 작살을 내

놓고. 울타리 쳐 놔도 아무 소용없어요. 콩 심어놔 보이소. 올라오기 무섭게 싹을 다 훑어 먹어버린다니까요. 고라니 땜에 조금만 외지다 싶은 데는 아무것도 못 심습니더. 죄 똑똑 따 먹고, 밟아 놓고. 간이 커져 가지고 요새는 동네까지 내려온다니까요. 글쎄, 얼마 전에는 실컷 나락농사 져 놨더만, 저 춥다고 논 한가운데에다가 다 자란 나락 착착 눕혀놓고 그 위에서 해가 중천에 뜨도록 퍼질러 자고 있더라니까요. 바람 막아주제, 바닥 폭신하제, 뜨시거든요. 여간 골칫거리가 아입니더."

"……."

"……."

'아우님, 속상했겠네요. 몇 번씩 논 갈아엎고 물 잡고 모내기하고, 그것만 하나? 수시로 물꼬 봐야지. 장마 오면 물 빼느라 난리, 가물면 물 대느라 동동거리고, 거기다 병충해 때문에 얼마나 마음을 졸였겠어요. 그거 생각하면 쌀 한 톨도 허투루 할 수 없는데 나락논에 그렇게 해작질을 해놨으니. 고놈 참 맹랑하네. 간이 콩알만 해가지고 사람 기척만 나도 걸음아 나 살려라 꽁무니를 감춰버리던데. 얼마나 추웠으면 그랬을까 싶기도 하고.

그런데요. 나이가 들어간다는 뜻인지, 나는 요즘 살아 있는 것들이 하나 같이 하찮아 보이지가 않아요. 옆집 할매는 가을에 나락 까먹고 창고 지붕에 구멍 내놓는다고 그물 놔서 참새들을 다 잡아야 한다시던데, 나는 덜컥 '우짜노?' 싶더라구요.

우리 닭장 철장이 좀 성글잖아요. 처음에는 한두 마리 참새가 들락거리더만 요즘은 아주 떼로 와요. 어떤 때는 2,30마리쯤 닭장 주변으로 모여 들더라구요. 닭들은 참새가 들락날락 제 모이를 축내는데도 바보 같이 눈만 멀뚱거리고 쳐다봐요. 어떤 때는 외려 닭들이 겁을 먹고 퍼드득 거리더라구요. 새들이 들락거리지 못하도록 촘촘한 망으로 바꿔야 한다고, 말로는 야박을 떨지만 그냥 두고 본 지 꽤 되요. 보고 있으면 안쓰럽기도 하고 다행이다 싶기도 하고, 그렇더라구요. 모두들 살자고 태어난 목숨인데 까짓 어느 놈이 먹든 배불리 먹어라. 그러고 말아요.

지나치게 낭만적이라거나 시골의 실상을 몰라서 그렇다고 할지도 모르겠네요. 나도 먹고 사는 문제가 걸렸다면 아우님보다 더 펄펄 뛰면서 두 눈에 쌍심지를 켤지도 모르죠. 그래서 아우님이나 옆집 할매한테 어쩌고저쩌고 속에 있는 말을 다는 못하겠어요.

가끔 아우님네 소막을 들여다보잖아요. 왕구슬만한 눈을 끔벅거리면서 쳐다보는데 어찌나 맑고 투명한지 그 속에 빨려들 것 같아요. 산만한 덩치에 위압스런 뿔을 곧추세우고 있지만 어찌나 순박해 보이는지. 몇 번인가 용기를 내어 콧등을 슬쩍 만져봤는데 축축한 혓바닥을 빼서 내 손을 핥아주더라구요.

와중에 한편으론 참 안됐어요. 결국은 우리네 식탁에 고기를 제공하기 위해 사육되는 거잖아요. 도축을 어떻게 하는지 나는 몰라요. 알고 싶지도 않구요. 하지만 그 아이들이 시뻘건 고기로 둔갑하기 위해 겪어야 하는 과정을 생각하면 진저리가 쳐져요. 웃기죠. 육식을 하지 않는 것도 아니면서.

먹고 먹히고, 약육강식이 살아 있는 자들에게 거역할 수 없는 본능이며 순리라 해도 '죽는다'가 아닌 '죽인다'라는 단어에는 매정한 살기가 느껴져요. 나는 세상 모든 생명이 순명이었으면 좋겠어요. 천수를 다하고 가는 거야 어쩌겠어요. 개에게 사냥 당하는 것이 고라니에게 주어진 천수이며, 신선도를 자랑하며 인간의 식탁에 오르는 것이 소의 순명이라고들 말하죠. 솔직히 그건 인간의 잣대며 어쩌면 자기변명일 뿐이라 싶어요. 다들 자기 자리에서 세상을 해석할 수밖에 없는 건지도 모르지만요. 파리는, 모기는, 바퀴벌레는 안 죽이느냐고요? 죽이죠. 이율배반이며 모순이라구요? 나도 그렇게 생각해요. 그러다 보면 뫼비우스의 띠 위에 선 것처럼 결국은 원점으로 돌아오곤 하더라구요. 기준을 만들자고 들어도 결국 기준의 주체가 인간일 수밖에 없는 거구요.

나는 그냥 단순해질려고 해요. 더러 모순이라 해도 내 눈앞에서 살아 꿈틀거리는 목숨, 그들 중에 내가 할 수 있는 만큼의 호의만이라도 베풀어 볼려구요.

알아요. 여리여리하고 눈웃음이 고운 아우님이 말만 요란스럽지 고라니를 어찌할 정도로 매정하고 강단이 있는 사람은 아니라는 걸요. 속상하는 마음에 욱하면 무슨 말을 못하겠어요. 그래도, 꽃으로도 때리지 마라던 어느 연예인처럼, 말로도 죽이는 건 안했으면 좋겠어요. (2019.6)

# 어려운 담

중개인을 따라 집을 보러 왔을 때 첫눈에 끌렸던 것이 돌담이었다. 대문에 들어서면 산의 초입과 한 컷의 앵글 속으로 들어오는 담이 무척이나 인상적이었다. 집이나 생활도구까지 시간을 되돌려 불편을 감수할 자신은 없었지만, 어느 한구석만이라도 옛날식인 곳을 염두에 두고 물색을 하던 차였다. 와중에 만난 돌담의 예스러움이 여간 마음에 들지 않았다. 한껏 물오른 마삭넝쿨을 망토처럼 늘어뜨린 돌담이 정말이지 탐났다.

모름지기 거래의 꽃은 밀당인데, 나는 덜컥 감탄사부터 연발하고 말았다. 속내를 읽혀버린 탓에 제대로 흥정도 못해본 채 계약을 했다. 모든 것이 그러하듯, 집도 인연이 닿아야 제 것이 된다며 혹한 마음을 부추기는 중개인의 말에 맞장구를 쳤던 것도 분명 돌담에 씐 콩깍지 때문이었을 것이다. 잔금을 치르기에 앞서 몇 번이나 꼼꼼하게 집을 둘러보는 중에도 이미 돌담은 '살릴 건 살리고'의 품목 제1호로 자리를 굳히고 있었기에 의심의 눈초리를 겨눠볼 생각 같은 건 하지 못했다.

한여름에 이사를 하고 두어 번 폭우를 동반한 태풍이 지나갔다. 비가 그치고도 한참동안 돌담의 아랫도리가 축축했다. 비도 비지만, 이웃집 나락논에 면해 있는 터라 모내기를 하고 나면 족히 한 계절 이상은 물이 스밀 수밖에 없는 구조였다. 이곳저곳 자잘하게 수리할 계획은 있었지만, 본의 아니게 가장 우선적으로 손놉을 들여야 할 골칫거리가 돌담이 되고 말았다.

담은 경계인 동시에 보호막이다. 담이 있음으로 해서 사私적인 영역이 보장된다. 굳이 철옹성이 아니라도 담이라는 공인된 약속은 누군가 함부로 나를 범접하지 못하도록 지켜준다. 그리고 그것은 오래도록 존중되어온 질서다. 이따금 담 밖의 세상을 기웃거리기는 하지만, 담을 심리적 마지노선 삼으면 고요와 평안이 찾아오기도 한다.

그러나 영원불변한 약속은 없을지니.

더러 내 마음 나도 모를 때가 있는데, 사람이라는 온통 불확실한 존재를 확신했던 결과는 참담했다. 그가 가졌다는 영업력이 필요하기도 했지만, 젊은 친구가 열심히 노력하는 모습에 후한 점수를 주었다. 물건이 나가고 대금이 들어오고, 돈으로 하여 신뢰의 담은 더욱 돈독해졌다. 그가 휴가 차 남녘의 바다로 가족여행을 왔을 때도 살가운 이웃사촌쯤의 대접으로 마음을 베풀었다. 어차피 한배를 탔다고 믿었기에 직원들의 밥자리에서도 지갑을 여는 데 주저하지 않았다.

한두 번 결제가 미뤄졌다. 그때마다 그는 죽는 시늉을 했다. 너나없이 어려운 상황이니, 허리끈을 졸라매는 것으로 대처를 해나갔다. 그와 우리가 공유하는 상생의 담장을 위해서는 고통분담마저 당연하다고 생각했다. 그러나 바늘구멍만 한 틈이 둑을 무너트린다던가. 한두 번은 자연스럽게 서너 번을 넘어가고, 금액도 커졌다.

창고는 비어 가는데, 대금회수가 되지 않았다. 물 건너 코큰 사람들에게 우리 식의 인정이 통할 리 없으니 때마다 통장을 헐어 창고를 채웠다. 같은 일이 몇 번쯤 반복되자 체불액은 눈덩이처럼 불어났고, 우리도 마냥 손 놓고 있을 수만은 없었다.

그 즈음이었다. 세월로 훼손되지 않는 담은 없다는 사실을 깨달은 것이.

차를 바꾸고, 사무실을 넓히고, 또 다른 사업을 벌이고…. 보나마나 그를 움직이게 만든 돈의 출처에 우리가 있었을 터였다. 그마저도 일이 뜻대로 풀리지 않았던지, 법원으로부터 서류 한 장이 날아들었다. 그가 회생신청을 했으므로 따로 찾아가는 것은 물론 지불을 독촉하는 전화마저 법에 저촉된다는 경고장 같은 것이었다. 와르르, 소리도 없이 담장이 무너졌다.

바로 얼마 전까지도 앓는 소리를 늘어놓으며 다량의 물건을 가져간 그였다. 돈이든, 돈이 아니든, 당연히 갚아야 하는 것이 빚이라고만 알았는데 죄 변하는 것들 중에서 말의 사전상 의미도 변한 모양이었다. 연신 읍소를 하며 상환기일을 연장하고 또 연장하던 그 순간조차, 아니, 마지막으로 주문서를 들이밀던 그 순간조차 돈을 갚지 않기 위해 서류를 준비하고 법적 절차를 밟고 있었다는 사실에 분개를 하지 않을 수 없었다. 한 인간의 비열함이 슬프기조차 했다.

10년 동안 공을 들인 관계의 담장도 결국 서류 한 장으로 끝이 났다. 그의 불편하고도 부당한 처사를 법이 나서서 옹호를 해준다니. 정말 좋은 세상이라는 자조 섞인 한숨만 뭉텅뭉텅 흘러나왔다. 아비를 아비라 부르지 못하는 길동처럼, 내 것을 내 것이라 부르지 못하는 처지가 억울했다. 분노하다가 체념하다가, 배신감으로 잠을 설치다가, 결국 화살은 남편에게 돌아갔다. 울타리 속의 안녕을 지켜내야 할 의무가 가장에게 있음을 상기시키며 물러 터진 그를 질책했다. 믿었던 도끼에 발등이 찍혀 철철 피 흘리는 남편을 향해 애초에 도끼를 믿은 게 잘못이라는 원망의 눈빛만 쏘아붙였다. 남편도 나도 사금파리를 끌어안은 듯 온통 아리기만 했다.

그러나 언제까지 환부를 끌어안고 살 수는 없는 일이었다. 현실이 확고부동하다면 내가 변해야만 된다는 결론을 내리기까지 조금의 시간이 흘렀다. 축축한 비감에 젖어 더 이상

진을 빼지는 않기로 했다. 그나마 내게 남은 것이 등 시리고 배고픈 나락은 아니라는 사실로 가슴을 쓸어내리는 수밖에. 훌훌, 최대한 가벼워진 마음만 챙긴 채 아등바등하던 도시의 삶을 털어냈다.

마삭넝쿨을 들추어 보니, 담은 금방이라도 무너져 내릴 듯 참담했다. 물이 담을 먹어들어 간 흔적들이 완연했다. 듬성듬성 구멍이 패고 남아 있는 흙살도 변변치 않았다. 그나마 번식력 하나는 끝내준다는 마삭줄기들이 얽히고설키며 담을 지탱하고 있는 형국이었다. 담의 트라우마가 되살아나는 기분이었다.

다행히 뼈대가 살아있으니, 적당히 덜어내거나 덧대는 공정이면 돌담의 면모를 되살릴 수 있으리라 싶었다. 그러나 정작 손을 대려 하니 생각처럼 간단한 일이 아니었다. 결과적으로는 있는 담을 허물다시피 해야 하는 상황이었다. 또다시 그 어려운 담과 씨름을 해야 하다니. 터질 때 터지더라도, 못 본 척 눙치고 말 걸. 혼잣말을 몇 번이나 중얼거렸는지 모른다.

나는 대충 눈가림이나 하자고 한 발 물러섰지만 남편은 이왕지사 두 번 손 갈 일 없게라며 한 걸음 더 다가섰다. 부족한

돌은 어디서 구해오며 그 무거운 것들을 어찌 옮길 것인지. 일머리라고는 없는 주제라 막막하기만 했다.

"큰 공사다. 생각보다 일이 많대이."

동네어른들까지 걱정을 보탰지만, 아무래도 의욕이 넘쳐 날 때 보수를 하는 게 나을 성 싶기는 했다. 내 집이니 손수 해 보겠다는 약간의 객기와, 일단 저질러 놓으면 어떻게든 끝이 있을 것이라는 막연한 자신감으로, 남편은 익숙지 않은 연장들이나마 용감하게 챙겨 들었다.

우리를 미혹하게 만들었다는 괘씸의 죄명을 붙여 마삭줄부터 응징하기로 했다. 돌과 흙과 마삭의 해묵은 결탁을 해체하는 일이 수월치 않았다. 뿌리의 악력握力은 대단했다. 온몸의 체중을 싣다시피 당겨도 꿈쩍을 하지 않았다. 물귀신 작전인지, 천신만고 끝에 뽑아낸 뿌리는 한 삼태기 흙을 발등 위로 와르르 쏟아 붓기까지 했다. 돌 틈의 깊은 곳으로 교묘하게 끝을 감춰버려 도무지 발본색원할 수 없는 것들도 부지기수였다.

끊고 뽑고 캐내고…. 쌓고 쌓고 또 쌓아올리고…. 남편은 오늘도 돌담을 일으켜 세우는 중이다. 어디서 구해왔는지, 마당 구석에 무거운 돌덩이를 한 수레씩이나 부려놓고 돌아선다. 물샐 틈조차 허락지 않겠다는 투지가 이순을 넘긴 사내의, 조금은 굽어진 등짝을 흥건하게 적시고 있다. (2019.7)

# 따듯한 기울기

해바라기의 자세가 불량해졌다. 아랫것들을 향해 꼿꼿한 직립을 모범 보이던 어제는 어디 두고, 거만하게 시선을 내리깐 채 외다리로 건들거린다. 그로인해 녀석의 카리스마가 더 공고해졌는지, 접시꽃도, 당아욱도, 수레국화도 해바라기의 삐딱선에 동조를 하고 있다. 그들이 합심하여 만들어낸 기울기가 영 탐탁지 않다.

작년 이맘때 태풍의 참상을 뼈아프게 경험했던 바, 그 황망함을 복습하고 싶지는 않았다. 대저 바람의 전술이라는 것이 덩치로 앞장서는 녀석들부터 제압을 하는 법이라, 지지대를 튼튼히 세우는 방책으로 유비무환이리라 했다. 어떤 창도 막아낸다는 모순의 방패는 아니지만, 판단컨대, 바람에 멱살잡이를 당하더라도 의연할 수 있을 것이었다. 애초부터 키다리들을 모아 파종을 했던 것도 서로가 서로에게 지주가 되도록 꼼꼼하게 짜둔 전략이었다. 그런데 담합이라도 한 듯 단체행동에 돌입을 해버렸으니, 장고 끝에 악수를 둔 셈이었달까.

호랑이 없는 굴에 여우가 왕노릇을 한다더니. 맨드라미, 백일홍, 설악초 같은 중간치들이 종아리에 잔뜩 힘을 올리고 있다. 그러나 그들 역시 바람맞은 기색이 완연하다. 밤새 드잡이질이라도 했던 것인지, 산발한 몰골로 분기憤氣를 뿜어내고 있지만 삐딱한 기울기를 거스르지는 못한다. 그나마 그들을 바람막이 삼은 채송화나 금어초, 패랭이 같은 조무래기들만 의연하다. 키 작은 그들을 보고 있자니 대견하다기보다는 피식, 웃음이 난다. 죄 크고 무성한 덩치들 속에서 저 연약해 빠진 것들이 얼마나 많은 설움과 핍박을 받았을 것인가. 저들에게도 오늘처럼 쨍하고 볕들 날이 하루쯤은 있어야 공평하지 싶다.

울음 끝이 긴 아이처럼, 하늘은 질금질금 가루비를 흘리고 있다. 꽃의 몸이 지금의 기울기를 관성으로 굳히기 전에 바로 잡아 주어야겠다. 무단으로 제 영역을 이탈하고, 내 집 네 집의 담장마저 허물어버린 그들의 무례를 각성시켜야 한다. 그들이 얼마나 반듯하고 예의바른 식물이었는지, 그로 인해 화단의 질서가 얼마나 정연했는지도 낱낱이 상기를 시켜주어야겠다. 제2, 제3의 오늘을 미연에 방지해야 할 책임이 내게 있으므로.

믿거니 하는 마음이 컸던 만큼 나를 가장 상심케 한 해바라기부터 손 볼 참이다. 설사 독배라 하더라도 내 몫의 잔은 내가 마셔야 하나니. 얌체처럼 2년생 사과나무에 무거운 얼굴을 기댄 해바라기 무더기를 일으키자 뜬금없이 사과나무 가지가 출렁 내려앉는다. 순간, 내 가슴도 철렁 내려앉는다.

재작년 봄 묘목을 꽂아 놓은 후 첫 사과의 행복을 만끽하던 중이었다. 금이야 옥이야 눈 뜨면 제일 먼저 사과의 안위부터 살피곤 했다. 사진을 찍어 여기저기 전송하는 것으로 내 시골살이를 인증하게 만들어준 대표 주자였다해도 과언이 아니다. 제법 낯을 붉히며 익기 시작하는 녀석들이라 바람이 없어도 낙과되지 않을까 전전긍긍하던 참이었다. 그 중 만삭이 된 사과 세 알을 매단 가지가 유난히 버거워 보였는데, 해바라기의 등짝에 제 무게를 나눈 채 바람의 겁박을 견뎠는가 보다.

문제는 그 둘만의 것이 아니었다. 크고 작은 꽃들이 톱니처럼 맞물려, 하나를 건드리면 다른 하나가 덩달아 휘청인다. 언제 저렇듯 죽고 못 사는 사이가 된 것인지. 살아남기 위한 자구책으로 각개를 포기한 채, 함께라는 배수진을 공유했던 흔적이 역력하다. 밤새 그들을 몀살 잡았던 비바람은 물러가고 없건만 한 번 맺은 결속은 쉬 풀리지 않는다. 내어주고 빌려오고, 내가 다만 무질서라 치부해버린 것들 속에 상생의 질서가 공고해 보인다. 그들의 의지가 저리 확고한 이상, 예전의 그림을 되살리기가 쉽지 않을 성 싶다.

수평을 잃어버린 액자처럼, 평온해진 풍경 속에서 비스듬한 화단의 풍경이 도드라진다. 어느새 바람이 찾아준 그들의 기울기가 편안해진 것일까. 끙끙거리며 번잡을 떠는 나와 달리, 지상에 발을 묻은 것들은 오늘을 두고 굳이 어제를 고집하느냐고 반기를 든다. 내 완력에 어깃장을 놓듯 목을 꺾어버리는 녀석도 생겨난다. 난감하다.

“간밤에 저거도 마이 시달렸구마는. 그래 다잡아 안 묶어도 일날 놈은 일난다.”

언제 오셨는지, 이웃 어르신이 한마디를 거든다. 친친 결박을 해놓다시피한 꽃이 답답하신 모양이다. 딱히 새 식구를 맞는 것도, 객식구를 들이는 것도 아니건만 하루에도 몇 번씩 목책 너머로 우리 집 화단을 살피시는 분이다. 주체할 수 없는 무료함으로 하루를 견디는 뒷방 늙은이로 스스로를 정의하시며 잠시나마 피고 지는 꽃에 시간을 기울이다 돌아서시곤 한다. 일찌감치 꽃의 안부를 물으러 오신 걸음에 내가 하는 양을 지켜보고 계셨던가 보다.

역전노장의 훈수를 귓등으로 흘리랴. 아침 내내 보수를 해놓은 참이지만 그들의 자생력을 믿어보기로 한다. 풀고 자르고, 끈이라는 속박을 해제한다. 해바라기를 필두로, 꽃들은 그것 보라는 듯 넌출넌출 좀전의 자유분방으로 되돌아가 버린다.

바람의 흔적을 고스란히 재현하며 꽃은 저마다의 기울기에 충실하다. 그제야 과정을 생략한 채 결과에만 연연했다는 생각이 든다. 꽃은 그들만의 각도를 내려놓기까지 혼신으로 목숨의 임계점을 넘어왔을 게다. 절체정명의 순간, 비로소 찾아낸 기울기를 삐딱선이라 몰아세웠으니.

휘적휘적 자리를 뜨는 어르신의 굽은 허리처럼, 어쩌면 사는 일은 자꾸만 기울어지는 일인지도 모른다. 세월이 내리는 풍파를 온몸으로 새기면서도 늘 푸른 청춘으로 꼿꼿하다면 삶이라는 스펙터클도 시들해져 버릴 것 같다. 악착으로 버티거나 주저앉거나, 순간순간 스스로의 입지와 편안한 기울기를 찾아가는 일이 나이듦의 미학이 아닐까. 비로소 모든 기울기를 납작 내려놓는 날까지. 사람이 그러할진대, 꽃이라고 나무라고 별다르랴. 그것을 인정하는 것이 자연스러운 자연에 동화되는 것임을 문득 깨닫는다.

물기를 머금은 꽃은 한껏 명쾌해진 몸짓으로 생명력을 자랑한다. 그들의 오늘로 추측컨대 그들은 내일 역시 어제와 다를 바 없이 왕성할 듯하다. 비스듬 속에 자신을 내려놓은 채, 꽃을 피우고 열매를 맺어 살아있음을 만방에 떨칠 것이다. 생육의 바퀴가 헛돌지만 않는다면, 그들의 따듯한 기울기를 존중해주는 것이 맞겠다. (2021.7)

# 호랑지빠귀의 외출

멋진 놈이 왔다. 언제, 어디에서 왔는지 알 수는 없지만 목청도 몸색도 여느 새와는 다르다. 그들만의 세상에서는 텃세라는 것도 없는지, 굴러온 놈이 박힌 놈들 사이에서 제법 요란을 떨어댄다. 제 멋짐을 과시하듯 연신 내 귀를 부른다.

새가 내는 소리인 줄은 정말이지 몰랐다. 새로 유명한 고장이라 웬만한 새소리는 귀에 익어 지내는 터였다. 흔한 산비둘기에다 까치, 딱새, 까마귀, 직박구리…, 그 외에도 이름은 모르지만 울음소리가 익숙한 조류들이 꽤 많다. 눈 떠 잠자리에

드는 순간까지 새의 소리를 바탕음처럼 깔고 산다고 해도 과언이 아닐 정도니.

며칠 전부터 해질녘만 되면 이따금씩 가는 휘슬소리 같은 것이 들리는 것이었다. 그저 일상의 한 귀퉁이를 긁고 지나가는 소리가 아니라 한 번 나기 시작하면 한참 동안 주기적으로 들려오는 바람에 은근히 신경이 곤두섰다. 어느 때는 휘파람처럼 결이 곱고 매끄러웠지만, 어느 때는 금속성마찰음 같아 귀를 불편케 만들기도 했다. 궁금증만 키우다가 몇 번인가는 생경한 소리의 진원지를 찾아 집 근방을 구석구석 들추고 다녔다.

얼마 전에도 출처가 분명치 않은 소리가 마을을 울리는 통에 종일 귀를 세웠던 적이 있었다. 만나는 사람마다 소리의 정체를 물었지만 이렇다 할 답을 내놓지 못했다. 그들의 반응은 대동소이했다. 귀를 열어 탐색하는 기색을 보이다가도 답이 궁하면 한결같이 새소리가 아니겠느냐는 것이었다.

저녁 무렵이 되어서야 동네 아우가 범인을 찾아냈다. 언제, 누구의 소행인지는 모르지만, 마을 언저리 대숲에 화재경보기가 버려져 있더란다. 비바람에 방치되면서 오작동을 한 모양이었다. 삐, 삐, 화재발생! 화재발생! 다급한 경고음이 대숲을 울리면서 정체불명의 소리로 둔갑을 한 것이었다.

그날을 떠올리며 호기심을 접기로 했다. 야생동물 퇴치기를 설치 해놓은 집이 더러 있으니 그 중 하나가 문제를 일으키는 것으로 결론을 내는 수밖에 없었다. 그럼에도 내 눈과 귀로 확인한 것이 아니라 혹시 하는 마음까지 접어지지는 않았다. 결국은 하늘에서 나는 것을 땅 위에서 찾으려 했던 탓에 이삼일은 족히 소리에 이끌려 헛걸음을 놓았던 셈이다.

우연찮게 올려다 본 전선 위에서 낯선 놈들을 발견했다. 아니, 놈들이 내는 소리를 발견했다. 온몸으로 검은 얼룩무늬를 걸치고 있는 새의 부리 끝에서 그간 찾아 헤매던 소리가 발원되고 있는 게 아닌가. 건성으로 보면 산비둘기 같았지만 유심히 살펴보니 독특하게도 검고 흰 호피무늬가 선명했다. 뉘엿해진 서쪽 하늘을 향해 두 마리 새는 세상에 없는 악기로 세상에 없는 음률을 연주하고 있었다. 검색엔진을 동원해보니 호랑지빠귀였다.

지빠귀 류의 새는 전 세계에 걸쳐 170여 종이 있을 만치 흔한 새란다. 우리나라에서 발견되는 것은 17종, 흰눈썹지빠귀,

회색머리지빠귀, 개똥지빠귀 등 이름도 종류도 다양하다. 그 중 호랑지빠귀는 깃털의 무늬가 호랑이를 연상시킨다고 하여 이름이 붙여졌단다. 식충성 조류인 그들은 하나 같이 명금류, songbird라 부를 만치 아름다운 소리로 지저귄다고 설명되어 있었다.

그제야 오래 전에 보았던 프로그램 하나가 퍼뜩 떠올랐다. 모 초등학교에서 밤만 되면 요상한 소리가 들리는 바람에 흉흉한 소문이 돌고, 공포심에 휩싸인 학생과 학부모들이 급기야 등교 거부까지 하는 사태가 발생했단다. 소문은 소문을 부풀리며 걷잡을 수 없이 번져갔다. 결국 새박사로 유명한 모 교수에 의해 호랑지빠귀로 판명이 되면서 웃지 못 할 해프닝은 막을 내렸다는 내용이었다. 저승새, 또는 귀신새라고도 불리는 호랑지빠귀는 주로 야밤이나 새벽에 우는데 한 영혼을 떠나보내듯 구슬픈 소리를 낸다고 한다. 마치 구전되는 옛이야기 속의 한 맺힌 귀신처럼.

정체가 탄로 난 줄도 모른 채, 전신주로, 키 큰 헛개나무 가지사이로, 두 마리 호랑지빠귀는 방정을 떨어댄다. 한 놈이 앞서면 다른 놈이 쫓아가고, 더러는 예의 그 소리를 다정스레

주고받기도 한다. 한 시골동네를 두려움에 떨게 만들었던 장본인이라고는 하지만, 그들에게서는 전혀 음울하거나 괴기한 기운이 느껴지지 않는다. 귀신이라는 단어와 매칭되는 구석이 도무지 없다. 내게 들어오는 풍경은 그저 날개달린 두 발 짐승의 평화로운 한때일 뿐이다.

화재경보기는 새가 되고, 새는 귀신이 되고. 살다보면 이렇듯 상대를 헛짚는 일들이 무시로 일어난다. 내 눈과 내 귀마저 나를 농락하는 일이 생겨난다는 말이겠다. 내 것만이 확고부동한 진실이라 핏대를 올리던 나는 세상에, 그리고 타인들에게 어떤 괴물로 읽혔을지 새삼 궁금해진다.

어둠을 방패삼아야 제대로 된 본성을 발휘한다는 호랑지빠귀 두 마리의 외출을 해석해본다. 대낮을 활보하며, 그들의 정수리에 얹힌, 귀신이라는 달갑지 않은 별칭의 부당함을 호소하고 싶었던 건 아닌지 모르겠다. 그렇다한다면, 고작 세 치 혀와 짧은 붓이 전부지만, 내가 가진 모든 것들을 동원해서라도 그들의 진면목을 세상에 알려야겠다. (2022.12)

# 벼슬아치들

그들, 벼슬아치들은 좋게 말하면 식솔이고, 솔직히 말하면 상전이다. 의복이야 태생적으로 걸치고나온 단벌만으로도 족하다니 굳이 손 보탤 일이 없기는 하다. 그들이 원했든, 우리의 과잉충성이든, 눈을 뜨면 제일 먼저 달려가 간밤의 안녕을 여쭙고 밥상부터 차려 올리니 윗전과 무엇이 다르랴. 하는 일이라곤, 꾸벅거리며 졸거나, 소싯적 껌 좀 씹어본 치들처럼 일없이 어슬렁대고, 그도 저도 심심하면 난데없는 드잡이를 하는 것이 전부다. 그럼에도 텃밭의 채소 나부랭이나 손수 빻아 체에 내린 패분貝粉까지 새참으로 가져다 바치는 형편이다.

먹여 놓았으니 배설물도 책임을 지지 않을 수 없다. 괄약근 조절에 문제가 있는지, 똥자리에 대한 개념 자체가 없는 것인지, 그들은 하나 같이 시간불문, 장소불문 배변을 한다. 자신들의 안방에도, 침상 위에도, 하다못해 밥 그릇 위에도 물컹하게 구린 것을 싸질러 놓는다. 드물게는 엉거주춤 자세를 잡고 해우의 의식에 들기도 하지만, 대개는 걸으면서도 싸고, 잠을 자면서도 싸고, 심지어는 밥을 먹으면서도 '빠지직' 적나라한 소리를 앞세우며 시원스레 배설의 행위를 한다.

그뿐인가. 걸음걸음 제 똥을 밟아 칠갑을 하고 다닌다. 더럽고 깨끗함의 분별심이란 대저 하릴없는 것이라는 성현들의 말씀을 좇는 중인지는 모르겠으나, 내 눈에는 참으로 너저분하고 예의 없는 족속들로만 보인다. 저들이 무슨 노블레스 오블리주의 표상이란 말인가. 그런들 이미 거둔 목숨인 것을 어찌 하랴. 무기력한 응수이기는 하지만, 애초에 그들을 향했던 초심을 뒤적거리는 수밖에.

그들을 내 영역에 들인 것은 귀촌을 하고 두어 달이 지났을 무렵이다. 아무리 만만찮은 현실일 거라고 각오를 되새겼어도, 시골에서 살아간다는 것은 번잡하고 골치 아픈 도시생활에 대한 황홀한 반대의 개념 정도로만 인식을 했지 싶다. 고요하고 더러는 적막하기조차 한 탈속의 삶을 채워 줄 막연한 버킷리스트 중에 그들, 벼슬아치들과의 동거도 들어 있었다.

막 병아리 티를 벗어난 그들을 읍내의 장바닥에서 만났다. 문외한인 주제에도 주워들은 풍월은 있어 암컷 다섯 마리에 수컷 한 마리의 조합으로 가족을 꾸렸다. 유정란에 대한 야무진 기대도 있었지만, 수數적인 부조화가 그들만의 멋진 조화라는 주위의 조언도 한 몫을 했다. 닭이라 칭하기에는 애송이였지만 닭장 안에 모셔놓으니 제법 그럴싸해 보였다. 내 로망의 일부를 실현했다는 의기양양으로 제법 신바람이 났던 날이다.

그럭저럭 덩치를 키우는가 싶더니, 뜬금없이 두 마리가 생을 달리 해버렸다. 그것도 청일점 수컷 한 마리를 포함해서. 불시에 음과 양의 조화가 깨어져버린 터라 수컷 한 녀석을 채워 넣기 위해 몇 번인가 장날을 기웃거렸다. 그러나 그들 모두에게 사내복이 없었던 건지, 오락가락하는 닭장수와 어긋나기만 하다가 결국 시기를 놓쳐버렸다. 하여, 본의 아니게 골드 미스가 된 네 마리 암탉이 때로는 평온하게 때로는 히스테리컬하게 내 삶의 울타리가 되어 주고 있다.

새끼손톱만 하던 벼슬이 축축 늘어지며 도장밥처럼 짙어지던 무렵이었을까. 드디어 산란을 시작했다. 당최 그 놈이 그 놈 같아서, 처음으로 탁구공만한 알을 둥지 위에 살포시 얹어 놓은 녀석이 누구인지는 모른다. 그러나 평소와 다르게 숨넘어가는 소리를 질러댄다 싶더니 떡하니 밥값을 해놓은 것이었다. 닭이 알을 낳는다는 당연하고도 당연한 현상을 앞두고 우리는 뛸 듯이 환호했다. 무無에서 뚝딱 유有를 만들어 내는 그들이 대견스럽기 그지없었다. 경제원칙에 입각하자면, 가져다 바친 공력에 비해 터무니없는 보상이었음에도 그저 황감할 따름이었다.

저걸 어찌 먹을 것인가 싶어 처음 며칠간은 할 알 두 알 모으기만 했다. 더 살뜰히 챙겨야겠다는 각성과 함께 더 자주 그들에게 눈도장을 찍게 만든 것이 달걀 한 알의 힘이었다. 고작 한 알의 달걀로 풍족을 운운하기조차 했다.

하루에 네 알이 그들의 최대치라는 것을 알면서도 수시로 닭장을 기웃거렸다. 달걀을 제공하고부터는 찾아주는 횟수가 현저하게 늘었으니 그들 또한 내 얄팍한 물욕을 눈치 챘으리라. 산란 때마다 의기양양 위세를 떨어대는 꼴이 가관이었지만 그저 굽실굽실 수고했다는 치하를 쾌히 지불했다. 조금만 목청을 높여도 득달같이 달려오는 내가 재미있었는지, 종종 페인트 모션까지 구사를 하는 통에 하루에도 몇 번씩이나 '혹시나'하는 마음으로 헛걸음을 치게 된다.

어쨌거나, 의무에 소홀하지 않은 그들이 요즘의 가장 큰 관심거리다. 노블레스는 닭의 벼슬을, 오블리주는 노른자를 의미한단다. 자신들의 사명이 벼슬에 대한 과시보다는 알을 낳는데 있음을 몸소 실천하고 있으니 붉을 대로 붉어진 벼슬마저도 대단해보인다.

큼지막한 덩치에 윤기 나는 털, 두 발을 앙버티고 거들먹거리는 품새까지, 영락없이 뒷짐 진 벼슬아치의 형상이다. '이리 오너라', 경박한 목청 하나로 사람을 부리려 들지만, 그마저 밉살스럽지 않으니, 한동안은 달걀 한 알을 지휘봉 삼아 우리를 머슴처럼 부릴 모양이다. (2019.3)

# 얄궂은 애도

청벌레 한 마리가 제대로 약을 맞았다. 투명한 햇귀를 껴입은 채 싱싱한 풋것으로 미식의 시간을 즐기고 있던 녀석에게 그 일은 말하자면 교통사고 같은 것이다. 밥을 먹고 화장실을 가는 것처럼, 일상의 한가운데서 누구에게나 일어날 수 있는, 그런.

사고유발자는 인간이다. 그렇다고 인간의 몰인정을 성토하거나 환경문제를 들먹이고자 펜을 든 것은 아니다. 외려, 살다보면 피치 못할 경우라는 것도 생기더라는 말로 야박할 수밖에 없었던 손을 변호하고자 한다. 그들의 해작질이 웬만큼만 했더라면 나도 편하고 저들도 살아남았을 것이다. 그다지 부지런하지 않는 주제라 적당히 나눠먹는 선 정도에서 타협할 용의가 충분히 있었으므로.

꿈틀꿈틀, 벌레는 연신 주름진 몸을 비튼다. 그를 고통스럽게 만드는 것이 어떤 성분인지는 모른다. 다만 죽음을 말하는 살殺과 그들을 통칭하는 충蟲이 담합을 했으니 도포된 성분으로부터 자유롭기는 쉽지 않을 것이라 추측을 할 뿐이다. 잔인하지만, 나는 녀석의 최후를 확인해야겠다. 그것은 차후로 다시 내 영역을 침범하지 않겠다는 약속과도 같기 때문이다.

지피지기면 백전불태라 하였거늘. 들깻잎에 숭숭 바람구멍이 생길 때부터 그들을 검색했다. 결국 정체는 파밤나방의 유충으로 판명이 되었다. 난괴의 형태로 암컷이 한 번에 1000여개의 알을 낳는다는 괴물이었다. 사방에서 천 마리씩 풀어놓았으니 대책이 있을 리 만무했다. 게다가, 먹성이 좋아 화훼류는 물론 각종 밭작물을 가리지 않고 먹어치운단다. 그 조그맣고 물컹거리는 벌레가 무어 그리 대단한 능력자일까 싶지만, 누군가 그들을 확대 촬영해놓은 사진을 보니 삶이라는 전쟁터에 임하기 위해 갖출 건 다 갖추고 있었다. 송곳니를 드러낸 야수를 연상시켰다고 하면 그들을 너무 과대평가하는 것일까만.

언젠가 하루는 작심을 하고 그들이 하는 양을 지켜보았다. 바람 한 점 없는 고요 속에서 그들의 기척을 선명하게 읽을 수 있었다. 그것도 무게라고 벌레 한 마리를 얹은 이파리가 휘청거리는 것이었다. 잎을 갉아 들어가는 녀석의 기술은 가히 놀라웠다. 금세 이파리에는 세상에 존재하지 않는 추상의 무늬가 만들어졌다. 들깨밭의 참상이 그들의 입에서 발원되고 있다는 증거였다.

그 구필口筆의 작법이 대단하기는 했지만, 칭송을 늘어놓을 의향까지는 생기지 않았다. 씨를 묻고 모종을 키워 이식을 하기까지 내 기다림과 정성에 허락도 없이 수저질을 한 몰염치와 천문학적인 번식력이 문제였다. 그러나 고작해야 손 둘, 발 둘의 내 능력으로는 그들을 당해낼 방도가 있을 성 싶지 않았다.

그들이 남겨 놓는 식사의 흔적 때문에 마음 상하는 날이 많아졌다. 원래 그렇게 생겨먹은 족속이라 해도 용납할 수 없는 일이었다. 결국 잎이 그물망처럼 너덜거리는 지경에 이르고서야 남편은 두 말들이 약통을 짊어지고 밭으로 향했다.

너무 많이 미안해하지는 않기로 했다. 그렇지 않고서는 도저히 살 수 없는 곳이 시골이기 때문이다. 일일이 미안하자면 손발을 묶고 입도 닫아야 한다. 무시로 발밑에서 압사당하는 미물들에게도, 아침이면 재깍 허물어버릴 집을 밤새 건축해 놓는 거미에게도 왜 미안하지 않겠는가. 시도 때도 없이 끄덩이를 잡히는 풀에게도 미안을 외쳐야 하고, 깨며 고추를 적심하거나, 과실나무의 가지를 쳐낼 때도 무한히 미안을 읊조려야 한다. 나는 왜 줄곧 미안한 일을 하고 살아야 하는지, 이따금은 내 정체성에 대해 의심을 해야 할 정도다. 그런 이유로 그들, 벌레에게도 미안하지 않다고 스스로에게 주문을 건다.

약효가 나타나기 시작하는 것일까. 잠시 사이에 벌레의 몸부림이 눈에 띄게 줄어들었다. 한 일一 자를 온몸으로 그으며 길게 드러눕는다. 그래본들 고작 2cm가 될동말동하지만. 유충이 1mm 정도라니 녀석은 아무리 못해도 3령은 족히 되겠다. 내 텃밭을 자양분 삼아 최소한 두세 번 정도의 탈피를 했다는 말이다.

태양이 제법 따끈해진다. 삶인지 죽음인지 모호한 상태로 녀석은 미동이 없다. 그러고 보니 그들은 지극히 홀로의 존재들인가 보다. 개체수가 아무리 많아도 무리지어 겸상을 하는 풍경은 보이지 않더니 죽음의 순간에도 별반 다르지 않다. 위급에서 그를 구해내기 위해 달려오는 이는 없다. 웅성웅성 그를 염려하거나, 구급차를 부르고 심폐소생술을 시도하는 이도 보이지 않는다. 마지막을 애도하는 이도 당연 없다. 살충의 사각지대 어딘가에서 먹는 일로 분주하든지, 그처럼 마지막을 꿈틀거리고 있든지. 와중에 그는 홀로, 쿨하게, 서서히 죽.어.간.다. 그 안에서 무르익던 나비의 꿈도 사그라지고 있을 것이다.

연초록으로 물이 올랐던 그의 몸에서 생기가 사라지기 시작한다. 한나절 뙤약볕에 방치된 몸은 미라처럼 하얗게 메말라 갈 것이다. 먹어야한다는 의무감과 살아내야 한다는 악착도 하얗게 탈색이 되는 것일까. 더는 먹지 않아도 배부르고 바닥을 기지 않아도 되는 몸 가벼운 세상이 그를 기다리고 있다면 좋겠다.

약이 바닥났는지, 분무기의 펌프질 소리가 시원찮다. 사방으로 매캐한 약내가 진동을 하는 것으로 보아 수많은 그들이 명줄을 놓았을 것 같다. 그들을 박멸해야 하노라고 남편을 등 떠밀었던 것을 생각하면 의기양양해야 할 일이다. 나 스스로에게조차 얄궂은 애도를 들키지 않기 위해 두서없이 풀을 쥐어뜯는다.

"가자."

남편의 채근으로 앉은 자리를 털고 일어난다. 한 움큼 잡풀을 그러쥐며 슬쩍 그를 곁눈질한다. 삶이 고요했듯 죽음도 고요했노라, 아무도 읽지 않을 비문碑文을 그의 발치에 내려놓고 돌아선다. (2022.07)

# 해바라기 훈장

4월 중순 무렵 해바라기 씨를 파종했어. 파종이라 하니 대단한 작업 같지만 대충 호미로 땅을 긁어서 씨를 묻은 정도야. 솔직히 말하면, 씨 뿌리고 물주면 꽃피겠지, 단순하고도 무식하게 들이대는 것밖에 내가 아는 방법은 없었어. 뭘 제대로 키워봤어야지.

원체 인물이 훤한 아이라, 이왕이면 안에서도 밖에서도 한눈에 들어오는 곳이 좋겠더라고. 나름 머릿속으로 집의 조감도를 그려보며 찾은 곳이 대문 뒤, 올봄 식재한 석류나무 묘목 엽이었지. 어차피 석류는 내년이 되어야 덩치를 키울 터, 여름 한 철을 틈타 깜냥껏 훤칠하게 활개를 쳐보라는 선심이었다 할까.

귀촌이랍시고 이곳에 터를 잡으면서 여기저기서 씨앗 구걸을 했어. 그 중에 해바라기는 생각지도 않게 득템을 한 거야. 어느 SNS 모임에서 누군가가 황금해바라기라는 금화규의 씨앗을 나눔한다더라고. 식물성 콜라겐의 보고라네. 차로 즐길 수도 있지만, 피부에 양보하라는 어느 카피처럼 천연화장수를 만들어 볼까 싶었거든. 다들 우르르 몰리기에 나도 얼떨결에 손을 들었어. 생판 모르는 사람이 성심껏 보낸 것들 중에 해바라기 씨앗 몇 톨이 덤으로 끼어있더라고. 횡재를 한 기분이었지.

장미넝쿨이라든지, 봉선화, 채송화, 맨드라미에 해바라기까지, 내 시골생활의 버킷리스트는 아마도 유년의 고향집 마당에서 기인을 했을 거야. 왜 있잖아. 막연하게 그리워하게 되는 추억의 한 페이지 같은 거. 그 속에 있는 것들을 적당히 끄집어내면 내가 그리던 정원의 풍경과 얼추 비슷해지지 않을까 싶었어.

해바라기 하면 영화 <해바라기>지. 80년대 초, 그러니까 내가 대학 새내기를 막 벗어날 즈음 봤던 영화 중 하나야. 광활한 꽃의 평원도 인상적이었지만, 대형의 스크린에 비친 소피아 로렌의 얼굴도 해바라기처럼 내 안에 각인되었던 것 같아.

자의든 타의든 학생운동이 조금씩 수긋해지는 무렵에 입학을 했어. 데모니 최루탄이니, 금서禁書니, 짭새니, 생경한 단어들이 캠퍼스를 유령처럼 떠돌았지. 억압된 울분이 지뢰처럼 곳곳에 매설되어 있어 언제 터질지 모르는 아슬아슬한 분위기였다 할까. 조금은 불안했지만, 그런 팽팽한 긴장감이 내 정체성에 대해 진지하게 고민하는 계기가 되어주더라고. 시대적 오류를 증언하는 언어들과, 상아탑의 낭만보다 먼저 나를 사로잡았던 구호들. 비로소 내가 껍질을 찢고 세상으로 나왔다는 실감을 그들과 더불어 하게 되었지.

내 안에서 꿈틀거리는 정체모를 감정들이 나를 그 속으로 내몰았던 것 같아. 불온한 무리로 명명되어진, 내 눈에는 전혀 불온하지 않아 보이는 이들 틈에서 나도 몇 번인가 있는 대로 목청을 높인 적이 있었으니. 펑펑, 뿌옇게 피어오르는 최루 가스는 눈물콧물을 찍어내게 만들었지만, 은밀하게 오갔던 눈빛과 교감의 은어들로 내 안의 내가 꽤나 뜨겁던 시절이었어.

그 무렵일 거야. 얄팍한 호주머니를 축내며 한동안 뻔질나게 영화관을 드나들었어. 더러는 번화가의 그럴 듯한 영화관에서, 더러는 조악한 화질의 동시상영관에서 시간을 뭉개며 만났던 영화들이 요즘은 고전 축에 들어간다는군. 그렇게 본다면 나도 이제 구태를 덕지덕지 껴입은 기성세대를 벗어나지 못하는 처지일 테지.

암튼, <닥터 지바고>에 끝없이 펼쳐진 시베리아의 설원이 있다면 <해바라기>에는 우크라이나의 드넓은 해바라기 평원이 있지. 여주인공 지오반나 분을 한 소피아 로렌의 명연기만큼이나 기억에 남는 것이 그 해바라기잖아. 끝내 헤어질 수밖에 없었지만, 사랑했던 남편, 안토니오만을 바라보는 비련의 여인, 그녀가 곧 해바라기와 다를 바 없다는 모종의 암시였겠지.

누가 그랬을까. 해바라기sunflower는 해를 따라 얼굴을 돌린다고. 머나먼 러시아까지 안토니오를 찾아간 그녀를 기다리는 것은 안토니오가 아닌 안토니오의 가정이었지. 결국 그녀 역시 누군가의 아내가 되지만, 아들의 이름을 안토니오로 지은 것은 그녀의 해바라기적 기질을 대변해주는 거였어. 슬프게도, 끝내 그녀가 오매불망했던 태양은 안토니오일 수밖에 없었던 거지.

'깨어나라, 깨어나라.'

씨를 묻어놓고 날마다 주문을 외웠어. 기대를 저버리지 않더군. 올봄 내가 땅에 맡긴 목숨 중에 가장 성공적인 작품이 해바라기라는 거잖아. 보폭이 얼마나 시원스러운지, 날마다 성큼성큼 허공으로 발도장을 찍더라고. 거짓말을 조금 보태자면, 이러다가 머지않아 하늘 궁둥이를 찌르겠다 싶을 정도였어.

노랗게 꽃의 기미가 보이는가 싶더니 금세 놋쟁반 같은 얼굴을 내밀더군. 생의 기운이 시작되는 곳, 그들은 태양의 꽃이라는 별칭답게 하나 같이 동쪽을 향해 피어났어. 마치 막 태어나는 태양에게 사열을 받듯이 말이야. 그런데 희한한 것이 한낮이 되어도 해질녘이 되어도 석상처럼 꼼짝을 않더란 말이지. 태양을 감지하는 기관에 고장이 나버린 건지, 몇 날을 두고 보았지만 변함이 없더라고. 이런 게으른 것들을 보았나. 어설픈 주인 대신 저라도 좀 바지런을 떨어주면 얼마나 좋아.

자칭, 우리 집이 베짱이네 집이거든. 이웃이랍시고 몇 집 되지도 않는데 다들 일 년 365일이 모자랄 정도로 일에 묻혀 살더라고. 농번기, 농한기의 구분은 사전에만 있는 말이야. 추수하고 나면 좀 한가해지겠지, 마늘 수확하고 나면 쉬겠지 했는데 웬걸. 소소한 복병이 끊임없이 생겨나더라고. 계절과 상관없이 그들을 바쁘게 만드는 하우스 농사라는 것도 있고 말이야. 그렇다고 같이 동동거릴만한 여력이 있는 것도 아니고, 결정적으로 손바닥만 한 텃밭에서 뭐 그리 자고새고 할 일이 많겠어. 깨작깨작 풀을 뽑거나 웃자란 잔디를 잘라내는 일이 고작이지.

도둑이 제 발 저린다더니, 우리가 놀고먹는 베짱이 같다는 생각이 들었어. 거기다 해바라기까지 제 노릇을 잊고 있으니, 그 주인에 그 꽃이랄까 봐 괜히 눈치가 보이더라고. 민망하기도 하고. 무시로 게으른 해바라기를 구시렁거렸지. 이웃 어르신 한 분은 내내 동쪽만 바라보는 종이 있다고 말씀을 하시더군. '아~!' 했지. 요즘은 원체 변종이라는 것들이 많이 생겨나니까 말이야.

검색 사이트를 동원해보기로 했어. 대체 왜 우리 집 해바라기들이 섭리에 반기를 드는 것인지, 알아야 변명이라도 해 줄 거 아니냐면서. 세상 참 좋아졌지. 모르는 거 빼고 다 아는 응원군이 내 손 안에 있으니 말이야.

와, 세상에 이런 일이. 해바리기가 원래 그렇대. 꽃을 피우고 나면 더이상 '해 바라기'를 하지 않는다는 거야. 옥신이라는 성장호르몬 때문이라네. 해바라기가 원체 장신을 자랑하는 꽃이잖아. 어릴 때는 빠른 성장을 하기 위해 부지런히 광합성을 해야 한대. 알다시피 광합성 하면 햇빛이잖아. 그런데, 꽃이 피고 나면 굳이 해를 쫓아가면서까지 성장을 해야 할 이유가 없다는 거지. 다만, 동쪽을 줄기차게 바라고 선 것은 수분受粉이 용이해서라네. 해가 제일 먼저 뜨니 아침부터 따뜻하겠지. 자연히 곤충들이 많이 날아들 것이고. 결론적으로 결실結實을 하기 위한 나름의 자구책이 동쪽이었던 거지. 수수께끼는 그렇게 풀렸어. 그걸 이순이 다 되어서야 알아차리는 내가 좀 창피하기는 하지만. 배우고 때때로 익히면 즐거운 법이라는 공자님 말씀으로 너스레를 떨 수밖에.

일편단심 해만 바라는 꽃. 나는 여태 추호의 의심도 없었거든. 섬뜩하지 않아? 저 꽃 몇 송이의 문제가 아닌 거 같아. 내 안에 또 다른 해바라기가 없다고 어찌 장담을 하겠어. 여태 내가 안다고 생각했던 것, 확고하다고 믿었던 지식이라는 것이 실상 얼마나 부실한 토대를 가진 것인지 모른다 싶으니까 갑자기 발밑이 아뜩해지더라고.

나이 탓일까. 요즘은 이래저래 좀 소심해지네. 앞만 보지 말고 옆도 뒤도 좀 보고 살라고, 해바라기까지 이렇게 훈장질을 하고 나서니 말이야. 어디 가서 내가 내요, 큰소리도 못 치겠어. (2019.7)

# 잡초는 있다

잠시 차를 내오는 사이에 화초 하나가 작살나 버렸다. 크리스피플로라라는, 사랑초의 한 종류다. 어찌어찌 내 손에 들어온 구근을 묻어놓고 노심초사하기를 여러 달, 기특하게도 월동과 개화라는 고개를 무사히 넘었다. 한동안 바둑돌만한 주황의 꽃을 낭창하게 늘어뜨리더니 새들새들 지상의 시간을 접고 있던 중이었다.

꽃이 없다고 해서 꽃이 아닌 것은 아니었다. 나는 이따금 줄기도 잎사귀도 고사되어가는 화분 속을 들여다보는 것으로 잠시 선물처럼 누렸던 꽃의 시간을 되살리곤 했다. 소멸의 징후가 완연했으나 꽃임을 부정해 본 적은 결단코 없었다.

"풀을 왜 키우나 싶어서요. 풀 맞죠?"

평소 입보다 손이 더 날랜 S였다. 배실거리는 줄기를 한 움큼씩이나 쥐어뜯고서야 아차 싶었던지, 엉거주춤, 말에 두서가 없다. 불쑥 뱉어놓고 자신도 머쓱한 모양이었다. 그런들 상황은 이미 종료된 후였다. 풀은 아니지만 괜찮다며 꽃의 안위를 장담했다. 설핏 살펴 본 바, 흙속의 구근은 안녕해 보였으므로.

S는 미심쩍어 하는 눈치였다. "풀이 맞지 않나요?" 함께 자리한 지인들을 향해 동의를 구했으나, 그들은 긴가민가로 중립을 선언했다. 죄 어설픈 도시촌놈이기로서니 설마 애지중지 풀을 키울까, 억울한 마음도 있었지만 웃고 말았다. 하긴, 꽃 진 꽃이 흔한 풀 나부랭이와 닮아 있기는 했다. 사방에 지천인 괭이밥 같기도 하고, 토끼풀 같기도 했다. 결국 나는 내가 지켜보았던 꽃의 과거를 되짚어가며 이름과 모양, 증식의 방법까지 동원하는 것으로 꽃을 증명했다. 그로 하여 언제 어디서나 척결의 대상이 되어 마땅한 잡초의 대열에서 꽃을 구

해낼 수 있었다.

잡초와 잡초 아님의 경계가 명쾌하지는 않다. 누군가는 '내가 파종한 게 아니면 모두 잡초'라고 호기롭게 정의했다. 다른 누군가는 목적성에 위배되는 것, 이럴 테면 경작지에서는 농작물 외의 모든 것, 꽃밭에서는 필요 없는 꽃이 잡초라고도 한다. 그럴싸하다. 나 역시 작년에는 화단에 흐드러지게 올라오는 고들빼기나 방가지똥을 죽어라 뽑아버렸으나, 올해는 덩치 큰 놈부터 차근차근 캐내어 밥상에 올린다. 풀에서 약성 좋은 나물로 신분상승을 한들 그들 스스로가 느끼는 처우는 별반 다르지 않았겠지만. 맨드라미 구역에 엉덩이를 걸치는 꽃양귀비나, 꽃양귀비 군락에 머리를 들이미는 설악초는 꽃이기는 하나 가차 없이 풀의 대접을 받는다. 인간의 손에서 꽃이 풀이 되고, 풀이 꽃이 되며, 그들만의 지각변동이 무시로 일어난다. 하여 S가 잡초라 여겼으니 머리채를 잡혀야 하는 것이 꽃의 운명이었던 셈이다.

풀이나 잡초라는 단어에 필요 이상의 촉수를 곤두세울 수밖에 없는 것이 시골살이다. 야생화니 생명체니, 어설프게 박애주의를 늘어놓다가는 풀밭을 면치 못한다. 심어 가꾸지 않아도 풀의 자생력이나 번식력은 타의 추종을 불허하기 때문이다. 태평농법이니 게으름농법을 운운하며 베짱이 흉내를 냈다가는 풍성한 가을의 전설 같은 건 없다.

특히, 잡초는 뽑아내지 않으면 세력이 된다던 누군가의 말을 실시간으로 공감하는 계절이 봄이다. 풀이 세포분열을 하듯 기하급수적으로 퍼져나가는 터라 뽑고 뽑아도 그들의 보속을 좇아갈 수가 없다. 개체 수를 따져보면 심지 않은 풀이 심어 놓은 작물을 훨씬 능가한다. 풀밭을 숙제로 떠안아 본 사람은 안다, 며칠만 소홀해도 풀을 키우는 건지, 작물을 키우는 건지 헛갈리게 된다는 것을.

하루 이틀 비라도 내린 후면 말 그대로 가관이다. 숫제 풀의 향연이다. 언제 그토록 많은 후손을 퍼트렸는지, 잔풀들이 바글바글 대가리를 쳐들고 있다. '아무리 부지런을 떨어도 풀한테만은 못 이깁니다.' 날마다 풀과 씨름을 하는 내게 동네 아재가 건네던 너스레는 분명 오랜 경험치에서 나온 것이리라. 하여, S의 성마른 행동도 풀을 응징해야 한다는, 오래된 잠재의식의 발로였음이 분명하다.

귀촌 3년 차, 내가 가장 자신 있는 대상도, 시간을 많이 투자하는 대상도 풀이다. 풀과 풀이 아닌 것을 구분하지 못해 웃지 못 할 비화도 많이 만들어냈다. 드문드문 올라오는 개쑥갓을 보고 씨 뿌리지 않고서도 쑥갓을 먹게 생겼다고 환호를 하고, 화단 구석에 소복하게 풀을 키워 놓고 끝내 꽃이라 우겼던 일도 있다. 지금 생각하면 어이가 없지만, 그때 나는 꽤나 진지했다. 내가 아는 풀이라고 해봐야 바랭이나 쇠비름 정도가 전부였으니 물 건너 온 외래종의 풀까지 있는 줄 어찌 알았으랴.

어제처럼, 오늘도 내일도 풀 앞에 쪼그려 앉을 것이다. 그러나 그악스럽게 끄덩이만 움켜쥐던 초보 때와 지금은 풀을 대하는 자세가 다르다. 우선은 풀의 성질머리를 꿰고 그에 합당하도록 힘의 안배를 하는 것이 쉬 지치지 않는 나름의 전술이다. 벼룩나물, 광대나물, 젓가락나물처럼 자잘한 것들은 누워서 떡 먹기다. 씨름할 것도 없이 손으로 긁어모으듯 하면 된다. 지칭개나, 명아주, 깨풀처럼 제법 나무의 형상을 닮아가는 것들도 생각보다 수월하다. 조금만 힘을 실으면 뿌리째 끄들리는 통에 손맛도 성취감도 좋다. 문제는 뚝새풀이나 쇠뜨기, 방동사니다. 악력이 얼마나 대단한지 팔다리를 끊어낼

지언정 쉬 뿌리를 내주지 않는다. 호미를 동원하지 않으면 발본색원은 언감생심, 결코 원하는 바를 이룰 수 없다. 그보다 더한 풀도 있으니 환삼덩굴이나 박주가리, 실새삼 같이 작물을 감고 오르는 것들이다. 특히나 환삼덩굴은 톱니처럼 생긴 잎으로 긁고 찌르고 할퀴고…, 팔뚝에다 선명한 생채기를 만들어놓는다. 뿌리도 없이 번식을 한다는 실새삼 역시 눈 깜짝할 사이에 포진을 해버리는 발 빠른 녀석이다. 작물의 즙을 빨아먹으며 기생한다는 실새삼은 실오라기처럼 노랗고 가느다란 몸을 거미줄처럼 쳐놓는 까닭에 지구력 없이는 소탕하기 어렵다.

물리쳐야 할 적이 많으니 하루도 느긋할 수는 없지만, 그렇다고 의욕만으로는 단숨에 배척되지 않는 것이 풀이다. 뽑다 보면 끝이 있으리니. 그저 풀이 있어 풀을 뽑는 단순무아의 경지에 이르러야 한다. 단방에 풀을 제압한다는 제초제를 동원하지 않는 것은 풀이 주는 망중한이 그런대로 즐길만해서인지도 모른다. 내가 풀을 뽑는 것인지, 풀이 나를 뽑는 것인지, 그 몽롱한 블랙아웃의 낙은 경험해본 자만 알 수 있는 것이라며 끝없는 단순노동을 미화해보기도 한다.

그런 내가 미련스러워 보이는지, 남편은 잡초 제거용 긴자루 호미로 풀더미를 슬슬 긁는다. 벼려진 호미날에 댕강 발목이 잘린 풀들이 사방에 널브러진다. 파랗게 숨 막혔던 땅이 금세 포슬포슬 민낯을 드러낸다. 나는 흙속에 남겨둔 뿌리들이 께름칙하지만, 남편의 속전속결과 내 발본색원의 전리품들이 산더미처럼 쌓여가니 속은 시원하다.

누군가 '잡초는 없다'고 외쳤다. 풀과 함께 작물을 키우는 자연농법이야말로 땅을 살리는 일이며 장기적으로는 더 풍성한 수확을 꾀할 수 있다는 것이다. 그의 논조를 읽으며 잠시 딜레마에 빠지기는 한다. 그러나 내 머릿속 잡념처럼 무시로 떠들고 올라오는 잡초의 무리를 아직은 용납할 용의가 생기지 않으니, 내게 아직 잡초는 잡초일 뿐이다. (2021.08)

한껏 움츠린 사람들을 향해 화두 같은 가을을 묻는다.

얼음장 아래서도 뜨신 봄이 흐르듯, 이 엄혹한 계절,

당신께서도 가을하신지.

# 3부

# 가을하신지요

# 껍질

짝, 짜각.

'카톡'거리며 잔망스럽게 일상을 흔드는 전언처럼, 무언가 연신 청각을 두드린다. 귀에 거슬리지는 않지만, 높았다가 낮았다가, 불규칙한 소리의 타전이 묘하게 신경을 자극한다. 늘 까치발로 다니는 길고양이 기척 같기도 하고, 바람을 구르는 낙엽 소리 같기도 하다. 곤줄박이 두어 마리가 몇 잎 남지 않은 포도넝쿨 사이를 해작거리는 중인지도 모르겠다.

정체가 명확치 않은 소리는 호기심을 넘어 야릇한 불안감을 부추긴다. 기껏 소리 하나로 내 집 안방이라는, 세상 가장 평안해도 좋을 거소가 훼손을 당하다니. 묵직하게 엉덩이를 눌러 붙인 채 여섯 계절을 보내었으니 웬만큼은 익숙해졌으련만, 아직은 낯설다는 꼬리표가 나의 어디쯤에서 펄럭이고 있다는 뜻일까.

그렇잖아도 막연하던 글줄을 아예 덮어버린 채 창밖을 기웃거린다. 그것이 무엇이든 내 눈으로 확인을 해야 직성이 풀릴 것 같아서다. 책상머리를 박차고 현관을 나서니, 소리도 소리지만, 연신 부시게 가을을 쏘아대는 햇살 한 번 가멸차다. 잡히지 않는 글맥을 지분거리는 것보다 햇살 푸진 가을을 서성거리는 편이 훨씬 낫겠다.

고양이도, 낙엽도, 소리를 몰고 다니는 한 줄금 바람마저도 없다. 그렇다고 누군가 다녀간 것 같지도 않다. 미심쩍은 눈길로 사방을 훑다보니 데크 위에서 정오의 태양을 온몸으로 맞서고 있는 도토리가 눈에 들어온다. 마치 복화술을 하듯 야트막하게 소리만 뱉어내는, 그들이 바로 소리의 진원지였던가 보다.

얼마 전 주워 놓은 것들이다. 옆집 할머니의 훈수를 좇아

이삼일 소금물에 담갔다가 바람의 길목에 펼쳐놓은 참이다. 단단하고 야무진 껍질을 벗겨내는 데는 햇빛정책이 가장 수월하고도 빠른 방법이란다. 설렁설렁 바람까지 거들고 나서면 금상첨화다. 햇빛과 바람이 뜨겁게 앞섶을 달구면 도토리들은 쩌억쩍 파열음을 내며 제 가슴에 굵직한 칼금을 긋는다. 성질 급한 껍질은 절로 훌러덩 육신을 뱉어내버리기도 한다. 그 육탈肉脫의 순간을 기다린다는 핑계로 방치하다시피 내버려두고 있었다.

나를 밖으로 불러낸 것이 고작 도토리 몇 알이었다니. 맹랑하다 못해 가상하기까지 하다. 그 사이 설산의 크레바스처럼 벌어진 껍질 사이로 속살을 반쯤 드러내고 있는 것들이 적잖이 눈에 띈다. 평생 속 것을 그러안아야 했던 노역에서 당차게 해방을 열고 있는 껍질들. 문득, 내가 그들을 방치한 것이 아니라, 그들로부터 내가 방치를 당하고 있었다는 생각이 든다. 늦으나마 힘을 보태는 시늉이라도 해볼 참으로 쪼그리고 앉는다.

노르께한 알맹이를 토해내고서야 껍질은 오랜 의무감을 내려놓는다. 겉으로는 거친 풍상에 방패막이 노릇을 하고, 안으로는 여린 속살을 다독이느라 분주했을 껍질의 역사가 막을 내리는 순간이다. 제 본분을 다하고 철거되는 거푸집처럼, 껍질의 고군분투를 기억해주는 이가 없을지도 모른다. 역사란 늘 살아남은 자의 몫이므로. 설사 뜨거운 화염 속에서 재가 되는 일만 남았을지라도, 그마저 자신의 본분이라고, 껍질은 무언으로 말하는 듯하다.

애초에 껍질로 태어나는 껍질은 없었을 게다. 최소한 속살이었거나, 속살과 동체였을 터. 성장이라는 이름으로 체적이 부풀려질수록 점점 중심에서 멀어질 수밖에 없는 것이 껍질이다. 멀어지다, 멀어지다, 끝이라는 일별을 맞는 것. 그것이 안과 밖의 경계에서 생장을 위한 최후의 보루로 생을 버티는 껍질의 한살이라 할까.

희한하게도, 벗겨놓은 껍질은 서서히 제 몸을 안으로 말고 있다. 속의 내용물을 보호하는 것이 껍질 본연의 임무라지만, 속이 없는 속을 향해서도 보호본능은 멈추지 않는 모양이다. 죽어서도 끝낼 수없는 모성처럼, 한 바가지 껍질은 아궁이에 훌쩍 쏟아 부을 때까지도 알맹이를 향한 일편단심을 접지 않는다. 그저 의미 없는 관성일 뿐이라 싶으면서도 자꾸만 마음이 간다. 하물며 도토리 한 알도 저러한데 싶으니 얼마 전 우연히 보게 된 영상하나가 자꾸만 부끄러워진다.

벨소리와 동시에 누군가가 황망하게 뛰어나가는 것으로 영상은 시작된다. 계단을 미끄러지는 그들의 발끝을 따라 급박한 분위기가 전해진다. 얼핏 그냥 벽인가 싶은 곳에 감춰진 문이 있었고, 그들은 익숙하게 문고리를 돌렸다. 그곳, 마치 벽장과도 같은 자그마한 사각의 공간에 새근거리는 아기가 있는 것이었다. 바깥 기온이 영하 10도를 찍은 날이란다. 갓 태어난 듯 보이는 신생아는 어찌어찌 탯줄만 잘린 피투성이였다. 그 붉은 목숨이 작은 문 안으로 들어온 것인지, 세상의 문 밖으로 내쳐진 것인지, 잠시 헛갈렸다.

근 10년 동안 모 단체의 베이비 박스에 유기된 영유아가 1천명을 넘었단다. 어림잡작으로만 따져 봐도 이삼일에 한 번꼴로 부모가 자식을 버렸다는 결론이다. CCTV 속의 어린 부모들은 마치 도둑고양이처럼 다가와 핏덩이를 내려놓고 총총 돌아섰다. 한 봉사자에 의하면, 더러 모텔방 타월로 둘둘 말린 채, 더러는 허름한 어미의 겉옷을 담요처럼 두른 채 버려지기도 한단다. 한 어미로서, 아니, 인간으로서 참담함을 넘어 자괴감이 느껴지는 순간이었다.

눈도 못 뜬 핏덩이는 부모라는 껍질의 부재를 알아차릴 수 있을까. 그리하여, 스스로 껍질이 되어 세상과 맞서야 한다는 각오를 다져야만 하는 것일까. 너무 일찍 철이 들어버린 아이처럼 처연한 얼굴로 새근새근 배냇잠을 이어가는 아이에게 그나마 다행이라는 무책임한 말을 해주어야 할까.

죄의식보다 앞서는 것이 모성일 것이다. 그리고 모성은 마치 본능과 같아서 사는 동안 무시로 매정했던 어미들을 범람할 것이다. 그때마다 어미 된 자는 거대한 모성의 폭풍우를 남모르게 넘으며 자책하거나 후회하거나 잊기 위해 몸부림을 칠 것이다. 그들이 세상으로 내건 '부득이함'을 알지는 못하지만, 버리고 버려지는 상황이 안타깝기만 했다.

껍질의 분투를 거들자고 나선 참이었지만, 손을 털고 일어선다. 알몸의 도토리에서 자꾸만 머루알 같은 아기들의 눈동자가 읽혀서다. 도토리는 절로 탈피를 하는 순간까지 자연의 힘에 맡겨두기로 한다. 양껏 숙제의 시간에 스스로를 소진하고 나면 껍질도 조금은 가볍게 마침표를 찍을 것이기에.

세상의 모든 껍질들로 하여금 소명을 되새기게 만드는, 오늘은 도토리껍질, 그 보잘 것 없는 것을 거룩한 선생 삼는다.

(2019.11)

# 가을하신지요

'가을하신지요'.

모 문학 카페의 댓글에서 읽은 글귀다. 회원 중 누군가가 다른 누군가를 향해 건넨 안부 인사 중 일부였다. 화자가 시인이라니 다분히 시적 취향이 덧입혀진 표현이겠으나 왠지 가을하느냐는 한마디가 계속 입술에 묻어 다닌다. 나를 향한 질문이 아닌데도 답을 찾아야 할 것 같아서 주위를 흘금거리게 된다.

9월의 끝자락, 장마의 기세는 쉬 꺾이지 않고 있다. 여전히 무겁고 축축하고 후텁지근하다. 반짝 해든 날을 골라 빨갛게 익은 고추를 수확했지만 오락가락 빗줄기가 잔망을 부리곤 한다. 변덕스런 하늘에 눈을 흘겨가며 마당에 널어놓은 고추를 걷었다 다시 너느라 하루가 어찌 가는지 모를 지경이다. 오뉴월 견공처럼 헥헥거리면서도 반복되는 단순노동에 무위자연이라는 그럴싸한 의미를 부적처럼 붙이고 앉는 오늘들. 어디서 문득, 오지도 않은 가을을 발견할 수 있을까. 그리하여 유쾌하게 가을하노라고 답을 내놓을 수 있을까.

하긴, 입추는 물론, 처서에 백로까지 휑하니 지나갔다. 그러나 눈치 없이 정확한 절기에 태클을 걸 만큼 사는 일이 여유롭지 못하다. 내 삶이 담겨있는 세상이라는 그릇은 목하 절절 끓고 있는 무쇠솥과 다를 바 없기 때문이다.

부쩍 위세를 부리는 COVID-19. 보이지도 만져지지도 않는 불쏘시개의 위력은 대단했다. 확진자니 접촉자니 격리니, 그가 몰고 다니는 언어들부터 섬뜩했다. 그는 서서히 그러나 끊임없이 세상을 달구었고, 사람들은 팥죽처럼 뜨겁게 끓어올랐다. 달려도 내내 그 자리인 악몽처럼, 그에게서 도망쳐야 한다고 외치면서도 발목 잡히는 사람이 늘어났다. 그의 마수에서 끝내 헤어 나오지 못한 이들은 사망자 명단에 이름을 올려야 했다. 화투패로 하루의 점괘를 읽어내듯, 내 행동반경도 아침마다 그가 만들어내는 숫자로 널을 뛸 수밖에 없었다. 언제 터질지 모르는 지뢰를 밟고 선 듯 매순간이 아슬아슬했다.

쥐도 새도 모르게. 그가 구사하는 전법은 불안을 부추겼다. 어느 누구도 그의 입김에서 안전할 수 없다는 사실이 서로를 향해 의심이나 경계라는 차가운 잣대를 들이대게 만들었다. 상대가 누구이건 불신해야만 안전할 수 있다는 아이러니가 새로운 풍속도를 만들기 시작했다. 외로우니까 사람이라던 어느 시인의 구절처럼, 지극히 외로운 오늘이 사람으로 다시 태어나기 위한 인고의 시간이라면 못 견딜 바도 아니지만. 어찌되었건, 참으로 답이 없는 냉기류가 시간을 얼어붙게 만드는 건 분명했다.

불행은 혼자오지 않는다던가. 반갑지 않은 단골손님이 덩달아 세상을 강타했다. 비로 바람으로 세상을 난도질하는 태풍의 위력 또한 코로나 못지않았다. 사람과 농작물이 쓸려가고, 평생의 보금자리가 무너졌다. 어디에 삶의 지표를 꽂고 다시 일어서야 하는지, 곳곳에 남겨진 태풍의 참사는 말문을 닫게 만들었다.

서릿발 같은 악재들은 거대 나비효과를 불러 일으켰다. 마치 도미노처럼, 셔터를 내리는 가게가 연이어 생겨나고, 간당간당 위태로운 밥줄에 매달려 사방에서 아우성을 쳤다. 그렇잖아도 얄팍하던 주머니에 시린 바람만 불어간다. 마른 대추마냥 쪼글쪼글 움츠려 든 사람들의 입에서는 죽을 지경, 긍정보다는 부정의 언어들이 생산되고 있다.

꽁꽁 닫아 걸고 꽁꽁 얼어붙고, 온통 겨울 같기만 한 두 계절이 가는 줄도 모르게 가버렸다. 꽃이 피어도 겨울이요, 염천 아래에서도 겨울을 실감하며 콩 튀듯 팥 튀듯 시절을 견뎌내는 것만이 살 방도임을 어찌할 것인가. 우리를 '심쿵'하게 만들던 가을의 전설 따위는 정말이지 전설 속에서나 보았음직한 단어가 되어버렸다. 가을마저 홀연히 실종된다고 해도 전혀 이상할 것 같지 않은 분위기다. 뜬금없이 가을을 들추어낸 시인도 그것을 염려했던 건 아닐까.

생각이 거기까지 치닫자 답을 찾기는 더욱 막막해진다. 나 역시, 오늘이 어제와 같으므로, 내일이 오늘과 다를 거라는 확신 같은 것은 아직 없다. 마스크라는 족쇄가 싫어서 두문불

출, 꼭 필요한 외출도 미루고 미루다 잠깐 읍내를 다녀오는 것이 전부다. 여차하면 이 소심한 일상마저 깨어질 수 있으므로 유리 위를 걷듯 조심 또 조심, 방안풍수로 전략해가는 중이다.

K선생은 낯선 일상이 새로운 일상으로 자리를 잡게 될 터이니 '바로 지금'에 익숙해지는 것만이 살 길이라는 무지막지한 선언을 했다. 설마. 혼잣말로 일축하고 말았지만 곰곰 생각해보면 일리가 없는 것도 아니다. 아무리 희망의 주문으로 걸음을 밝혀도 그리운 옛날이 쉬 찾아올 것 같지는 않으니.

고심 끝에 뒷산을 오른다. 오지 않는 가을에 연연하느니 두 발로 계절을 탐색해볼 참이다. 그곳에서 봄을 줍든, 가을을 줍든, 여전히 차가운 겨울을 줍든 책상머리를 지키는 것보다는 답에 가까울 수 있을 것이라 구시렁거리며.

우수 짙은 산도 보고 들도 보라며 산비둘기 구성지게 울어댄다. 툭, 투툭. 성질 급한 꿀밤 몇 톨은 둔탁한 타음으로 지상을 구른다. 먼 들판, 넓은 나락논으로 황금색 물결이 달구어진 햇살을 받아내고 있다. 콩도 익고 깨도 익고, 수확을 서두르는 농군들의 손놀림도 한껏 무르익어 간다. 얄궂다. 세상 속에 없던 가을이 세상을 멀찍이 비껴서니 손에 잡힐 듯 가깝다. 찾는 자에게 보일지니. 걸어 잠근 오감을 열고 가을을 찾아 나서게 만드는 것, 시인의 노림수가 바로 이것이었던가 싶어진다.

시인의 글귀를 잠시 빌려야겠다. 한껏 움츠린 사람들을 향해 화두 같은 가을을 묻는다. 얼음장 아래서도 뜨신 봄이 흐르듯, 이 엄혹한 계절, 당신께서도 가을하신지. (2020.9)

# 거멀못

해질 무렵 찾아온 할매는 죽을상을 하고 계셨다. 즐기던 커피도 마다하곤 시원한 물 한 잔부터 벌컥벌컥 넘기셨다. 그때까지만 해도 감쪽같이 몰랐다. 우리가 집을 비운 사이 노부부께서 한바탕 전쟁을 치르셨다는 것을.

그 놈의 술이 문제라고. 할매는 말머리를 꺼내며 중간 중간 눈물 섞인 한숨을 토해내셨다. 장날이라 여느 때처럼 읍내로 출타하신 어르신께서 불콰하게 돌아오신 모양이었다. 술김에 언성이 높아졌고 급기야 완력까지 행사하셨단다. 요즘이 어떤 세상인데, 여든이 넘었어도 불같은 성정을 못 버리고 산다고, 할매는 분기를 토로하신다.

난감하다. 자식 같은 사람들 앞에서 얼마나 무참하실까 싶어 섣부르게 위로를 할 수조차 없다. 그렇다고 내일 아침이면 어르신을 위해 뜨신 밥을 짓고 국을 안칠 할매를 알기에 속 시원하게 어르신을 성토해서도 안 될 일이다. 그저 귀를 열어드린 채 한숨만 폭폭 따라 내쉴 뿐이다.

덩치나 힘으로만 보면 어르신을 못 당할 할매가 아니다. 그러나 이에는 이로 맞대응하지 못하는 것은, 아무리 요즘 세상을 운운하는 할매도 '남자' 또는 '가장'이 곧 하늘이라는 오래된 관습의 반경 내에 서 계신다는 말이겠다. 시대를 한탄하며 '아녀자가 감히'의 오래된 고정관념을 드러내놓고 주창하시는 어르신과, 하늘은 공짜지만 땅값은 나날이 치오르는 게 현실이라고 말로만 떠들썩한 할매 사이의 이미 단단해진 공식을 어찌하랴. 벗어버릴 수 없는 옷처럼, 그것은 이미 육신과 정신으로 체화되어 의식과 무의식을 지배하고 있다는 사실을 지난 3년 동안 적잖이 목격해오던 차다. 애정이 더러 애증으로 변질되어도 그 철칙만은 어쩌지 못하시는가 보았다.

여자의 일생이란, 노랫가락 속에서만 처연한 것이 아님을 할매를 통해 실감한다 할까.

날은 시나브로 어두워지건만 귀가를 미루며 어르신의 기척을 살피시는 것 역시 그 일환일 게다. 이해되지 않는 것과 이해할 수 없는 것 사이에서 황망하다. 답답하면서도 안쓰럽다. 젊어서도 늙어서도 할매 위에서 군림하는 것이 마땅하다는 어르신의 철옹성 같은 권위의식이 야속하기조차 하다.

멀찍이서 윗집을 올려다보니 어르신은 여전히 울그락불그락하신다. 삼이웃이라고 해봐야 몇 집 안 되니 할매가 우리집에 계신다는 것쯤은 이미 꿰고 계실 것이다. 울화를 못 다 풀었는지, 아니면, 할매께서 들으라고 하는 건지, 자잘한 물건들을 던지다시피 치우신다. 어르신이 만들어 내는 소리의 강도로 보건대 아무래도 지금 맞닥트리면 2차전이 발발할 공산이 크겠다.

더는 젊은 이웃에게 폐를 끼칠 수 없다는 판단이 섰는지, 할매가 앉은 자리를 털고 일어서신다. 농담인 듯 진담인 듯, 다시 딴지를 걸면 힘으로 밀어붙이겠다는 한마디를 남기고 대문을 나서신다. 할매가 2층, 할매만의 안가安家로 오르시는 것을 확인해야 안심이 될 터인데. 불안하기 짝이 없다.

아니나 다를까. 길 위의 할매를 눈치 챈 어르신이 버럭 핏대를 올리며 대문을 박차고 나오신다. 금방이라도 벼락을 내릴 듯한 일촉즉발의 위태한 순간이다. 죄 없이도 가슴이 콩닥거린다. 할매를 뒤따르는 게 맞는 건지, 부부지간의 일이라며 모른 척 돌아서는 게 맞는 건지 대책이 서지 않는다. 할매를 보좌할 간담도 없고, 아버지뻘의 어르신을 상대로 따따부따 옳고 그름을 읊어댈 수는 더더욱 없다. 내 안의 풍랑을 아는지 모르는지, 할매는 포화 속을 걷듯 휘적휘적 고샅을 밟고 오르신다.

어설픈 오지랖일까마는, 안고 있던 강아지를 내려놓고 집을 나선다. 때마침 지나가던 동네 아우가 지초지종을 눈치 채고 앞장을 서 준 덕분에 용기를 낼 수 있었다. 천군만마가 따로 없다. 평소 성정이 여린 어르신이니, 설마 배실배실 웃음기를 흘리는 젊은 것들 앞에서 볼썽사나운 모습까지야 연출하시려고.

계면쩍은 표정으로 우리를 맞은 어르신은 어르신 대로 하실 말씀이 많으신가 보다. 목청을 높여가며 할매를 노여워하신다. 이럴 때는 들어주기만 해도 격한 감정이 반감되기 마련이다. 이야기보따리를 펼치다 보니 오래 전의 케케묵은 한때가 소환되고, 어린 나이에 종갓집 종손에게 시집을 온 할매의 고생담에 이르러서는 마침내 눈물까지 질금거리신다. 이렇듯 할매가 없는 자리에서는 눈물로 치하를 하면서도, 막상 마주하면 쥐 잡듯 하시니, 도통 이유를 모르겠다. 할매 말씀대로 그 놈의 술이 문제인지.

이런저런 하소연 끝에 웬만큼은 격하던 감정이 다스려졌는지, 불쑥 손을 잡아 끄신다. 당신 집에 온 손님이니 소주 한 잔은 하고 가야된다는 것이다. 김치 쪼가리에 술상이 급조되고 할매도 식탁 끄트머리에 엉덩이를 걸치신다. 동네 아낙 둘을 지원군 삼아 노부부가 은근슬쩍 말씀을 섞는다. 원래 뒤끝이 없는 어르신이니 이로써 상황종료라는 뜻이다.

언제 앉혔는지, 가스 불 위에서 국솥이 들썩거린다. 푸푸, 뜨거운 김에 섞여 구수한 된장내가 사방으로 등천을 한다. 아마도 할매는 미우나 고우나 어르신께 뜨신 국에 밥 한 술 차려드리고서야 2층으로 올라가시려나 보다.

금이 간 항아리에는 물을 담을 수 없다고 한다. 그러나 부부 사이에서는 그것도 아닌가 보다. 수없이 깨어지면서도 남은 세월을 찰람거리며 사는 두 어른을 보면 말이다. 술김에 맥락 어둔한 구설이 길어지기는 하지만 어르신의 결론은 명확하게 읽힌다. 피와 살을 대물림한 자식이든, 거칠고 험난한 파고를 함께 넘어온 정리이든, 함께한 세월을 거멀못 삼아 금 가고 깨진 곳을 무시로 수선해가며 사는 것이 부부의 정답이라고. (2022.5)

# 눈따기하다

머릿속은 여전히 딜레마인데 손은 가차 없다. 대저, 이럴 때는 머리와 손의 거리를 최대한으로 벌여 놓는 게 관건이다. 손이 머리의 의중을 읽고 어물쩍거리기 시작하면 곤란해진다. 자칫하면 두 마리 토끼를 다 놓치는 수가 있다.

댕강.

태어날 때, 잃을 때, 사랑할 때, 웃을 때…. '하늘 아래 일어나는 모든 일에는 다 정해진 때가 있다.'고, 구약성서 전도서라는 곳에 명시되어 있나니. 성스러운 경전의 말씀이라 어느 누구도 섣부르게 왈가왈부할 수는 없을 터. 미국의 저명한 강연자이며 작가라는 조앤 치티스터 수녀께서도 무릇『모든 일에는 때가 있다』쐐기를 박으셨으니, 오늘이 그 때임을 의심치 말지어다.

댕강.

고백컨대, 다다익선의 주문으로 환영사를 갈음했던 때가 있기는 했다. 굳이 꽃을 보려 한 것은 아니었으나 결실이 거쳐야 할 관문은 꽃이므로. '피기 시작한 꽃이 소금을 뿌린 듯이 흐붓한 달빛에 숨이 막힐 지경이다.' 이효석이「메밀꽃 필 무렵」에서 읊었으렷다. 그들 또한 그러했다. 하얗게 만개한 꽃 하나하나가 가지 끝을 소복하게 장식하던 날, 나는 나만의 감흥으로 숨이 막힐 지경이었다. 저 새끼손톱만큼 작은 제각각의 꽃이 매초롬한 고추의 원형이려니, 무한 긍정으로 물개박수를 바쳤다.

꽃 진 자리에 고추가 달린다 하지 않는가. 잠시 순백에 머물다 노리끼리 짓물러 떨어지는 꽃이 애달프지 않았다. 피었다 지는 것들을 두고 으레 찾아오던 아릿한 상실감도 없었다. 나는 화사한 개화보다 처절한 낙화를 더 간절하게 기다리고 있었으므로.

얼마지 않아, 갓난쟁이의 사타구니에 달린 작고 앙증맞은 '고것'처럼 애기 고추들이 오롱조롱 매달리기 시작했다. 기대에 부합하는 그들을 보며 신바람을 냈다. 충蟲이든, 균菌이든 불온한 무리들이 범접하지 못하도록 보이지 않는 그들을 향해 연신 눈총을 쏘아댔다. 내 성심성의에 보답하듯, 하루가 다르게 여물어가던 그것들은 얼마지 않아 바나나 송이처럼 실한 고추를 무겁게 늘어트렸다. 와중에도 꽃은 약속처럼 피고 지고 피고 지고…. 저 꽃 다 고추로 열리면 오일장 한구석에 전이라도 펴겠다. 유쾌한 농담으로 신명을 부추기던 하얀 꽃들의 줄기찬 만개.

댕강, 댕강.

채신머리없이 우물에서 숭늉을 수도 없이 들이켜게 만든 죄.

평생 손톱 자랄 사이 없이 노동을 바쳐도 하늘과 땅의 가호가 아니면 불가능하다는, 풍성한 가을의 전설을 아무렇지 않게 욕망하도록 떠민 죄.

제대로 기지도 못하는 주제에 날아오르기를 장담하며 거들먹거렸던 내 얄팍함을 하얗게 부채질했던 죄.

그리하여, 꽃을 꽃이라 읽지 못하는 내 눈먼 눈을 눈 뜨게 만든 죄.

…

…

댕강, 댕강.

어설픈 초보 기 죽이지 않을 만큼은 주었다는 언질인지. 숭숭 벌레 구멍이 생기는가 하면, 갈라지고 녹아내리고, 배틀어진 기형으로 끝물을 선언하는데, 나는 아직도 배가 고프니. 아침저녁의 공손한 눈도장만으로는 그들의 쇠락을 잠재울 수 없었다. 마음을 동동 굴렀다. 주시는 만큼 거두겠다는 애초의 겸손은 어디로 숨은 건지.

내가 오래 그들을 심고 거두었던 여느 농사꾼이었다면 좀 더 의연할 수 있었으려나. 초보 중에도 상초보인 나는 무엇이든 남들처럼 해내고 싶었을 뿐이다. 그 '남들처럼'이라는 것이 수확물의 과다로 판가름 나는 이곳. 행여 불시에 전염의 병이라도 급습할까. 가뭄에 목이 탈까, 장마에 짓무를까, 오매불망 고추만 바라보았던 나의 노심초사는 그들에게 그다지 도움이 되지 않았음이 아쉬울 따름이다. 어쨌거나 나의 혼신을 껴입었으니, 이제와 매정한 난도질을 서러워하지는 말지어다.

당한다는 말이 상황에 적절한 단어인지는 모르겠으나, 아무리 초보지만 손 놓고 당할 수는 없는 노릇이라 타개책을 찾아 골몰했다. 하늘의 계시이듯 문득 제로섬zero-sum의 법칙이 떠오르는 것이렷다. 제 가진 것이 한정되어 있다면 꽃으로 새 결실을 매다는 것보다는 생장 중인 결실에 남은 힘을 보태는 것이 내 손을 더 풍성하게 만들어 줄 것 같았다. 새 것을 포기하는 대신 이미 있는 것에 올인하는 전법을 슬쩍 귀띔해주기로 했다. 이제 더는 꽃을 피우지 않아도 된다며 선심 쓰듯 주억거렸다. 문제는 저들과 나의 언어가 달라 연통을 할 방도가 없다는 것. 하여, 내 의지를 보여주는 행동언어에 동원된 것이 바로 가위, 그 무시무시한 연장이었으니.

댕강.

눈따기하다 - 개화나 결실에 의한 양분의 낭비를 막기 위해 과실나무나 채소 따위에서 꼭 필요한 만큼만 남겨 두고 나머지의 꽃봉오리를 따다

댕강, 댕강, 댕강.

엉뚱한 곳에 힘쓰지 마라, 너무 열심히 살지 마라, 침이 마르도록 일렀거늘, 눈치 없이 연일 꽃이 핀다. 망나니가 되어 날마다 꽃을 참수하는 징벌 같은 시간도 이어진다. 무엇을 얼마나 취하겠다고 싶다가도, 꽃, 그 물오른 생명체의 턱밑으로 가위 날을 들이대며 X의 수신호를 보낸다. No, No, No! 더는 꽃 피우지 말라고.

후두둑, 하얀 꽃가지가 바닥으로 쌓이고, 낭만이라고는 눈 씻고 봐도 없는 매몰찬 여자 하나, 세상에 없는 죄를 묻고 있다. 이름 하여, 꽃 피운 죄. 단 한 번 꽃다운 꽃을 피운 적이 있었는지, 찔리는 구석을 호주머니 속에 찔러넣은 채. (2021.9)

# 어쨌든 충蟲

재미있는 글을 읽었다. 본의 아니게 벌레가 되었다는 사람의 이야기였다. 이른바 진지충, 설명충이라는 그는 지나치게 진지하다보니 설명이 길어진다나. 매사 각주를 달 듯 하는 자신의 기조 때문에 더러 통박을 받기도 하는 모양이었다.

글의 뉘앙스로 보아 그 또한 수긍할 수밖에 없는 것이 자신의 성정이라 인정을 하는 듯 했다. 카프카의 「변신」에서 하루아침에 벌레가 되어버린 그레고르처럼, 그는 '혐오스러운 허물을 벗고 (인간으로의) 화려한 변신'을 꿈꾸지만 짧은 글에서 내가 파악한 바로는 벌레를 탈출하고자 하는 의지가 그리 커 보이지는 않았다. 하긴, 익어 편해진 습성을 깨부수는 일이 그리 쉬울까.

언젠가 '벌레 먹은 사회'라는 제목의 기사 한 꼭지를 본 적이 있다. 급속히 확산되는 신조어, 그 중에서도 맘충, 급식충, 틀딱충처럼 흔히 '충'이라는 글자를 붙이는 유행에 관한 내용이었다. 문제는 충에 비하하거나 경멸하는 어감이 실린다는 것이다. 만물의 영장이라는 인간을 한낱 하찮은 미물의 대명사인 벌레와 동격으로 놓아버리는 무례라니. 자식에게 각별하다거나 세월로 노쇠해지는 현상 때문에 벌레 취급을 받아야 하는 세상에 살고 있다고 생각하면 섬뜩하기는 하지만, 세태를 홀로 거스를 수 있으랴. 뚝딱뚝딱 급조되는 신조어 '충'의 그물망을 피해 인간 본연의 인간으로 살아남기가 쉽지 않은 세상임을 실감할 뿐이다.

나도 내가 식충 같다는 생각을 종종 한다. 요즘 내게 가장 피부에 와 닿게 존재감을 발휘하는 것이 밥이기 때문이다. 먹기 위해 눈을 뜨는 것은 분명코 아니건만 눈을 뜨면 가장 먼저 하는 일이 먹는 일이요, 하루의 대미 역시 먹는 일로 장식을 한다. 주방의 장이다보니 가장 진정성을 가지고 대하는 것들이 칼이며 도마라 해도 과언이 아니다.

희한하게도 먹고 살기 위해 밥을 벌 때는 외려 밥에 등한했다. 바쁘다는 핑계로 한두 끼를 훌쩍 건너 뛸 때도 드물지 않았다. 그런데 어영부영 노는 처지에 세 번의 밥이 필수가 되었다. 일 하지 않는 자 먹지도 마라며 밥의 필요충분조건이 노동이어야 함을 부르짖은 이들도 있건만, 염치없게도 일 하지 않는 자가 되어서 더 살뜰히 챙겨 먹게 된다. 돌아보면 삼시세끼 외에는 딱히 무엇을 한 기억이 없는 날마저 있을 정도다. 나야말로 누군가 식충이라 비아냥거려도 유구무언, 할 말이 없다.

배달의 민족이라는 우스갯소리가 있는 세상이지만, 슬프게도 주문음식은 꿈도 꾸지 못하는 곳에 살고 있다. 그렇다고 밥 한 끼 먹자고 찍어 바르고 챙겨 입고 읍내행을 감행하는 것도 자주 할 일은 못된다. 굶지 않으려면, 차리고 치우며 밥상과 밀당을 하는 수밖에 없다. 호미질을 하고, 잡초라도 뽑은 날은 밥 앞에 조금 당당하지만, 하루를 인증 받는 의식이 고작 세 번의 밥인가 하는 피해의식에 젖는 날도 생긴다.

그러나, 보라. 저 널리고 널린 먹방의 주자들이 얼마나 환호를 받고 승승장구하는지를.

스스로를 변명하려는 무의식의 발로일까. 요즘 들어 부쩍 먹는 방송을 자주 본다. 못 먹고 사는 세상도 아니건만 프로그램마다 어찌 그리 먹방 일색인지. 아이도 먹고, 어른도 먹고, 여자도 먹고, 남자도 먹는다. 입안이 홀러덩 까질 만큼 뜨거운 음식도 먹고, 비 오듯 흐르는 땀을 훔쳐가며 매운 음식을 먹기도 한다. 떼로 몰려다니며 먹고 혼자만의 미식을 즐기는 이도 있다. 맛있게 먹는 것을 넘어 양에 승부를 걸기도 한다. 남과 같이 해서는 남보다 앞설 수 없다는 것이 먹방계에서도 진리인지 모르지만. 볼이 미어터지도록 산더미 같은 음식을 우걱우걱 먹어치우는 그들에게 환호하며 더 많이 더 열정적으로 먹는 일에 탐닉하라며 사람들은 앞다투어 후원금을 쏜다.

프로그램에도 중독성이 생기는지. 내 배가 부른 것도 아니고, 내 혀끝이 단 것도 아닌데 TV나 컴퓨터 앞에만 앉으면 먹방을 흘깃거리게 된다. 남 먹는 것을 보면서 군침을 흘리는 것만큼 추잡한 일이 어디 있느냐고 큰소리를 쳤던 적도 있건만 침을 꼴딱꼴딱 삼켜가며 스타일을 구기고 앉은 내 모습이 라니.

내가 자주 보는 먹방의 주자도 무엇이든 참 맛나게 먹어치우는 대식가다. 곱상한 얼굴에 크지 않은 체구의 그가 라면 열 개에 공깃밥까지 마는 것을 보면 가히 식신食神의 강림이라 해도 과언이 아닐 정도다. 그의 대단한 식사를 볼 때마다 먹고사는 방법도 정말 제각각이라 싶어진다. 누구나 삼시 세 끼의 밥을 먹는다. 더러 입맛 밥맛으로 엄살을 부려가며 그저 한 끼를 때우기 위한 타성의 수저질을 하기도 한다. 어떻게, 먹는다는, 평범을 넘어 진부한 일상으로 타인의 지갑을 겨냥할 생각을 했는지.

혼밥이 대세다. 혼자 밥을 먹는 일이 달가운 이가 얼마나 될까. 대세라는 것은 그럴 수밖에 없는 현실이라는 말과도 같다. 홀로 타지 생활을 해야 하는 청춘이 많은 세상이며 아들 녀석 또한 꽤 오래 객지밥을 먹었다. 이제 웬만큼은 익숙해졌으련만, 아들은 이따금 혼밥하는 자신이 처량해 보이는 모양이다. 누군가 밥상에 마주 앉아 따뜻하게 바라봐 주었으면 하는 것은 집밥에 대한 로망에서 비롯되는 것일 게다. 그러나 집은 멀고 현실은 가까울 수밖에 없으니. 먹방의 주자들처럼 저리 성대하게 차려놓고 모니터 건너 누군가들과의 교감을 찬 삼아 먹는다면 혼자 먹는 밥도 덜 외로울까.

모니터 앞을 지키고 앉은 사람들은 밥을 먹는 그에게 쉼 없이 말을 건다. 그는 채팅창을 가득 채우는 활자들을 상대로 제법 그럴듯하게 수다를 떤다. 은근히 자신의 취향을 반영하여 '이렇게 먹어주세요.'를 연발하는 것을 보면 구경꾼들도 대리만족이라는 최면으로 외로움을 극복하고 있는지 모르겠다. 먹고, 먹고, 또 먹고, 그는 접시들이 깨끗하게 바닥을 보일 때까지 행복한 표정으로 먹는 일을 멈추지 않는다. 가끔은 그런 그가 안쓰러울 정도다. 행여, 밥을 버는 수단이 되는 순간, 그에게도 먹는 일이 노역으로 전락해 버리는 건 아닐까.

재생 버튼을 누르자 화면 가득 그가 열린다. 경쟁적으로 인사를 청해오는 닉네임들을 향해 환하게 웃는다. 일찌감치 저녁을 먹어치운 나도 그의 전투적인 한 끼를 향해 입맛을 다신다. 이 순간, 어쨌든 나도 '충'이다. (2018.11)

# 배추테라피

지난해 여름, 그 뜨겁던 어느 날 귀촌을 했다. 시퍼런 배춧잎을 두둑이 채운 지갑은 없었지만, 삶의 반전을 앞두고 조금은 상기되어 있었다. 그날이 그날이어도 게으른 줄 몰랐던 달콤한 안일을 포기하는 일 역시 간단치는 않았다. 새로운 시작에 대한 각오를 다지느라 몇 날 쯤 잠을 설친 후에야 감행한 일이었다.

급작스런 아버지의 와병과, 한 걸음 호전에 두세 걸음 악화를 거듭하던 병원 생활, 날마다 희망의 주문을 걸었지만 끝내

아버지를 지켜드리지 못했다. 시간이 지날수록 더 확연해지는 당신의 빈자리는 마치 거대한 바윗덩이처럼 나를 우울의 늪으로 갈앉혔다. 잠을 빼앗아 가고, 자신감을 깎아내렸다. 내 안의 내게 어둡고 축축한 그늘을 드리웠다. 와중에 약간의 두려움과 약간의 설렘이라는 색다른 감정으로 낯선 타지를 찾아 들었던 셈이다.

짐을 정리하고 한숨 돌릴 무렵 텃밭에 김장배추를 심었다. 그것도 200포기씩이나. 남편과 나, 달랑 두 식구에 이따금 다녀가는 아이들의 입까지 감안을 해도 너무 과한 숫자였다. 농사라고는 자식농사가 전부인 주제이면서도 검증되지 않은 실력에 비해 지나치게 야심찼던 의욕이 반영된 숫자였다.

남편은 가장 가까운 이웃이며, 농사에 관한 한 하늘같은 사부인 윗집 할머니의 조언을 받았다고 했다. 종갓집 종부라 살림손이 큰 할머니가 "두 판하면 충분할 끼다."라고 하셨다는데, 한 판이 100포기인 줄을 어찌 알았으랴. 2,30포기만 해도 차고 넘칠 것을, 덜컥 질러놓은 탓에 배추부자가 되고 말았다.

예상되는 낙오치를 감안하더라도, 키우고 소비할 일을 생각하니 심란했다. 손만 대어도 톡 부러질 것처럼 연한 목숨들을 첫손에 어찌 다 건사할 것인가. 게다가 일 년 내내 김치만 먹어도 다 못 먹을 양이다. 무엇보다도 다듬고, 절이고, 씻고, 버무리고…, 그 많은 김치를 누가 담근단 말인가. 감상용 화초도 아니요, 배추인심을 써도 좋을 만치 푸성귀가 귀한 도시도 아니니. 한 바가지 타박을 늘어놓으려다가 한껏 고무된 남편을 보며 입을 닫았다.

남편이나 나나 태생이 촌놈이기는 하지만, 촌놈처럼 살아보지 못한 처지였다. 산도, 들도, 논밭도 눈으로 누리는 풍경 중의 하나였지 실상 그 속에서 부대껴보지 못한, 무늬만 촌놈이었다 할까. 눈치껏 따라쟁이가 되는 수밖에 없었다.

낫, 호미, 괭이, 손수레…. 농기구를 장만하고 허름한 닭장에 병아리 몇 마리도 채워 넣었다. 죄 닫아걸고 살던 도시의 습관을 떨쳐내기가 쉽지는 않았지만, 스물 네 시간 대문을 개방하면서 달달한 믹스 커피 한 잔으로 이웃들을 청했다. 그래봐야 팔순 넘은 어르신들이 대부분이지만, 우리에겐 그들의 일거수일투족이 모범답안과도 같았다. 깜냥과 상관없이 이백 포기씩이나 모종을 주문을 했던 것도 그 여파이었을 것이다.

제대로 심기나 한 것인지, 내 손이 영 미덥지 못했다. 여차하면 쓰러지고 말 것 같아 틈만 나면 배추밭 언저리에 헛심만 부려놓았다. 그런 내가 안쓰러운지 윗집 할머니께서는 "땅맛을 봐야 큰다."며 배시시 웃으셨다. 대수롭지 않게 내려놓으신 한마디는 배추보다 나 자신에게 주는 해법처럼 크게 들렸다.

그 즈음 나는 슬슬 이방인이라는 것을 실감하는 중이었다. 서류상의 주소지는 간단하게 옮겼지만, 모든 것이 낯설고, 모든 것이 서툰 곳으로 마음의 주소지를 옮기는 일은 만만찮았다. 순간순간 안달복달하는 나를 향해 윗집 할머니는 시간이 모든 것을 해결해줄 것이라 말씀을 하시는 것 같았다. 배추 한 포기도 그런데 사람이야 오죽하랴 싶어 느긋해지기로 마음을 바꿔먹었다.

땅맛을 본 배추들은 하루가 다르게 자랐다. 너풀너풀 앉은 자리가 비좁다며 덩치를 부풀렸다. 제법 신바람이 났다. 풀을 뽑고, 아침마다 나무젓가락을 동원해가며 꿈틀거리는 배추벌레를 잡아내며 정성을 들였다.

반쯤 자란 배추에 제초제를 도포하는 어처구니없는 해프닝이 있기는 했다. 결국 물을 쏘아가며 한 잎 한 잎 배추를 세탁하다시피 했다는 남모르는 비화도 생겨났다. 주인을 잘못 만난 죄로 배추가 몸살을 앓아도 몇 번을 앓았을 터이건만, 좌충우돌 어설픈 초보 응원 차원으로 힘을 내어 준 것인지, 점점 만삭의 임부처럼 굵은 허리통을 자랑하기 시작했다. 잘 하고 있다고, 오며가며 치하를 얹어주시는 동네 어른들 덕분에 괜스레 우쭐해지기도 했다. 산 사람은 살아가게 마련이라더니, 그러구러 아버지로 인한 상실감도 조금씩 치유가 되어가고 있는 것 같았다.

도시의 지인들에게 귀촌의 인증서처럼 배추나눔을 했다. 뜬금없는 시골행을 만류하고 불안한 눈빛으로 우리를 배웅하던 그들도 실한 배추포기를 받아들고 의아한 표정을 지었다. 하긴, 날마다 그들의 푸른 생장을 목격했던 나도 믿어지지가 않았으니.

홀로 계신 어머니를 모셔오고, 멀리 있는 동생들을 불렀다. 보나마나 아직은 모두 잔뜩 우울모드일 터였다. 하룻밤의 일정으로 득달 같이 달려온 동생들이 소매를 걷어붙였다. 씻고 버무리고 먹고, 우리는 아버지가 계셨던 어느 하루처럼 시끌벅적하게 김장행사를 치렀다. 모이기만 하면 귀가 따갑도록 웃고 떠드느라 번잡만 떠는 딸들을 흐뭇하게 바라보시던 아버지. 당신이 아니 계셔도 여전히 씩씩한 딸들을 보여드렸다. 당신과 함께 했던 시간을 불러내어, 병상의 고통이 아닌 편안한 일상 속의 아버지를 원 없이 추억했다. 준비 없이 당신을 놓쳐버린 이유로 행복한 표정을 짓는 일마저 죄스러웠던 우리는 산더미 같은 배추와 씨름하느라 마음껏 속엣것들을 쏟아내었지 싶다. 한 계절 나를 부산스럽게 만들었던 배추가 일 년 치의 소중한 양식이 되어 떠나가면서 고단했지만 푸근했던 김장은 끝이 났다.

올해도 작년처럼 200포기의 모종을 심었다. 고추며, 마늘이며, 양념거리도 내 손으로 키워냈다. 이제는 많아서 엄두가 안 난다는 엄살 같은 것은 생기지 않는다. 나날이 호기롭게 커가는 배추처럼, 나도 뚝심 있는 촌부에 조금은 가까워진다는 증거가 아닐는지.

이번 김장날에도 딸부잣집 네 딸들이 한바탕 소란을 떨지 싶다. 맏딸의 안착을 대견해하시며 추억 속의 환한 아버지도 딸들의 수다 속으로 기꺼이 왕림을 하실 것이다. (2018.10)

# 호모파베르를 도용하다

난리다. 저 고약한 것이 어느 틈에 잠입을 했는지. 팔다리며 머리, 어깨 할 것 없이 집중 공략을 한다. 그도 모자라, 웨엥웽, 고요하고 싶은 귓전에 사이렌을 켜놓는다. 그렇잖아도 아침부터 반갑잖은 소식 때문에 잔뜩 의기소침한 참인데 파리까지 나를 낮잡아보는 것 같다.

'마음이 어린 후이니 하는 일이 다 어리다'. 아리따운 여인, 황진이의 하룻밤 교태에도 바위처럼 묵묵했다는 학덕 높은 선비조차 저토록 내심에 솔직한 문장을 읊으셨으니 나 같은 범인이 범사에 팔랑거린다고 해서 흠이 되지는 않을 것이다. 마음이 습하니 이삼일 만에 반짝 드는 햇살조차 마냥 우중충해 보인다.

시늉만으로 넘기던 책장을 덮어두고 대문을 나선다. 투덕투덕, 두 발을 내어던지듯 텃밭으로 향한다. 이럴 땐 몸을 곤하게 만드는 게 상책이다.

끝물 고추가 왕성하다. 생장을 끝낸 고추들은 어정쩡한 색깔로 적체되어 가는데 눈치 없이 왕성한 꽃은 계속 피었다지고, 애고추들이 조랑조랑 수도 없이 맺히고 있다. 끝물이라는 경각심으로 마지막 갈무리에 힘을 보태주면 좋으련만 사공 많은 배가 되어 저마다 제 할 일로만 눈에 불을 켠다. 제 아무리 번잡을 떨어도 한여름의 뙤약볕이 돌아오지 않는 한 붉지도 자라지도 못한 채 막을 내릴 수밖에 없는 것들이다.

이도 저도 모르던 첫 해에는 필요한 만큼만 따고 포기 채 뽑아냈다. 그런데 이제는 그간 들인 정성이 생각나서 버리지도 못한다. 두 번에 걸쳐 고추부각을 만들었고, 고추청도 몇 통이나 담갔다. 유튜브 씨의 도움을 받아 장아찌며 고추장물, 조림에 삭혀놓기까지 했다. 일 년 내내 고추반찬만 먹어도 못다 먹을 양이지만 다행스럽게도 이래저래 손놉을 들여놓으면 쾌히 나눠가는 구원투수들이 있다. 몸만 조금 고달프자고 들면 걱정할 바가 아니긴 하다.

제 무게로 휘휘 늘어진 가지들을 뚝뚝 분지른다. 기다렸다는 듯, 휘우듬 기울어져 있던 몸체들이 곧추선다. '그간 고생했으니 이제 그만 열심을 내지 않아도 좋다'는 한마디는 위로를 가장한 미안함의 표현이다. 성글어진 가지 사이로 햇빛도 바람도 시원스레 드나들 수 있겠다. 한층 가뿐해진 그들을 보며 그것이 무엇이든 무게의 무게는 덜어내고 볼 일이라 싶어진다.

고랑에 주저앉아 꺾어 놓은 가지에서 고추를 따낸다. 따스한 햇살이 등에 얹히고 심심한 가을바람도 기웃거린다. 벌레구멍이나 병색이 있는 고추를 고르느라 골몰하다보면 느림보 시곗바늘도 곧잘 속도를 낸다. 이럴 때면 내가 멀티태스킹에 능한 자가 아니라는 사실이 얼마나 감사한지 모른다. 하나를 쥐면 하나를 놓아버리는 방정식이 언제부터 나를 지배했는지는 알 수 없으나, 고추 덕분에 나를 쥐락펴락하던 역심도 한 꺼풀쯤 벗겨졌으니. 여태 낙천적인 사람의 흉내정도는 내고 사는 것도 그 덕분일 게다.

그것이 온전한 해법이 아닌 잠시잠깐의 유예라 한들 대수랴. 그들이 다시 멱살을 잡는 순간이 온다한들 아직은 끝물고추도 지천이요, 노랗게 익어가는 콩도 깨도, 우후죽순 잡풀도 다시 유예의 수단이 되어 줄지니. 그러구러 물러갈 것은 물러가고 다가올 것은 다가오지 않을까. 기껏 끝물고추 몇 꼭지만도 못한 것을 두고 자존심에 열등의식까지 동원하며 나를 구어박았다는 기분 좋은 자책으로 귀가를 서두른다.

대문을 들어서자마자 작동시켜 놓았던 세탁기가 생각난다. 일에는 우선순위가 있는 법. 데크 위에 건조대를 펼쳐놓고 욕실로 들어간다. 우렁각시처럼, 끄무레한 날씨를 핑계 대며 미뤄놓았던 빨래를 기계가 뚝딱 해결해 놓았다. 세탁기의 액정은 낯선 문자를 방정맞게 쏘아대고 있다. 보나마나 약속시간에 늦은 나를 향한 타박 정도 일 게다. 그런들 어쩌랴. 요즘 들어 자주 발동을 하는 '깜빡증'을 기계에게 읍소할 수도 없고, 잽싸게 세탁조를 비우고 전원을 끈다.

당장 하지 않아도 되는 일이나, 일단 눈에 들어오면 당장 해야 할 것 같은 일들이 산재한 곳이 시골이다. 그것이 육신을 고달프게 할 때도 있지만 고달픔을 잊게 만드는 때도 적지 않다. 뭐라도 하는 것으로 꿀꿀한 마음을 날리겠노라 작정을 한 이상 그들은 분명 내게 선한 영향력을 행사하게 될 것이다.

이삼 일 전 물에 우려 놓았던 도토리를 건져 건조기에 넣는다. 콘센트를 꽂고 일곱 시간을 맞춰놓는다. 그 역시 유튜브 씨의 조언이다. 적어도 일곱 시간 동안 도토리는 안녕이다.

고추를 씻어 놓고 한숨을 돌리려니, 어제 따다 놓은 청량초 한 바가지도 눈에 띈다. 까짓, 하는 데까지 해보지 뭐. 묻은 손에 식초와 설탕을 배합한 간장물을 끓이고, 꼭지를 자르고 칼집을 넣은 고추를 통에 눌러 담는다. 한 김 날린 장물을 붓고 누름돌 삼아 묵직한 접시를 얹어둔다. 그렇게 뚝딱 장아찌 세 통이 완성되었다. 진한 장물에 푸른 고추가 드문드문 얼비치는 장아찌통을 보며, 맛은 훗날 판가름 날 것이로되 비주얼만은 프로의 손을 거친 작품 못지않다는 자화자찬으로 으쓱해진다. 덩달아 기분까지 새뜻해진다.

달달한 믹스 커피 한 잔과 함께 컴퓨터 앞에 앉는다. 또 웽웽거린다. 이번엔 두 마리가 쌍으로 시간 차 공격이다. 두 발만이 운신의 방편인 내가 날개라는 도구의 이점을 십분 발휘하는 파리를 당해내기란 쉽지 않다. 목청을 세워 '밖으로'를 주문한들 듣는 시늉도 하지 않을 것이다.

두 마리 미물은 내게도 숨겨둔 한 수가 있다는 걸 간과한 모양이다. 일찍이 앙리 베르그송 선생께서 인간을 호모 파베르라 칭하였거늘. 도구를 사용하는 '창조적 진화'의 주인공이라는 의미다. 그는, 수없이 맞닥트리게 되는 장애물을 극복해나간 인류의 역사는 도구를 사용하는 능력에서 기인한다는 전제로 능동적인 창조자로서의 인간을 설파했다.

주저 없이 파리채를 챙겨든다. 두 손을 모아 싹싹 빌어대는 파리들의 코스프레도 냉엄한 파리채의 단죄를 피해가지 못한다. 착각하지 마시라. 파리가 미안해서 그러는 줄 아느냐, 라던 어느 네티즌의 글에서 이미 그들 족속의 습성에 관해서는 숙지를 한 참이다. 동정이나 연민으로 멈칫거리지 않아도 된다고 내 안의 내가 파리채를 응원한다. 도구를 사용하며 파리를 극복한 나는 이 순간 자랑스럽게도 영민한 호모 파베르의 후예다. 인간은 창조되는 것이 아니라 스스로 창조하는 존재라는 앙리 선생의 말이 사실이라면, 나 역시 한낱 파리로 인해 창조될 수는 없는 일이 분명하므로.

'어떤 목적을 이루기 위한 수단이나 방법'까지 아우르는 것이 도구의 사전적 의미다. 그렇다한다면 내가 살고 있는 터전은 도구가 지천에 널린 곳이다. 산도 들도 나무도, 이름 모를 풀꽃조차도…, 눈만 돌리면 머릿속을 가뿐하게 청소해줄 도구들이 산재해 있으니 말이다. 이곳으로 나를 보낸 것은 쉬 끓어오르고 쉬 얼어붙는 성정으로 더는 오래 휘둘리지 말라는 보이지 않는 손의 배려였을 것이다. 다만, 얻으면 내어주는 것도 있어야 공평하다는 이치를 피해 가지는 못한다. 호모 파베르로 유쾌하기 위해서는 호모 시커먼스라는 복병을 감수해야 한다. 결단코 본의는 아니나, 그것이 부지런하다는 꼬리표를 달게 된 삼년 차 촌부의 촌티에 대한 변명이다.

(2022.10)

# 다람쥐밥상에 숟가락을 얹다

정말이지, 그럴 의도는 없었다. 그 작고 여린 것들의 밥을 축내다니. 누군가에 의해 내 밥그릇을 탈취 당한 후유증이 채 가시지도 않았는데, 아무리 억울하다한들, 분풀이하듯 타인의 밥그릇에 흑심을 품으랴.

나는 다만 이질감을 벗어내고 싶었을 뿐이다. 이순을 바라보는 나이에 맞닥트린 생판 타지에 생면부지라는 첩첩산중. 그것은 삶의 반전에 대한 기대만큼이나 큰 부담이기도 했다. 당장은 원주민들이 그어놓은 '우리'라는 반경의 아웃사이더

일 수밖에 없지만, 어차피 노후를 계획하고 찾아든 땅이 아닌가. 새치름하게 들앉은 채, 키보드나 두드리고 앉았을 수는 없는 일이었다. 터주인 사람들에게 한 발짝이라도 다가서기 위한 자구책은 나도 그들과 다르지 않게 살아가는 모습을 보여주는 것이라 싶었다.

사람들은 채 날이 밝기도 전에 하루를 시작했다. 어기적어기적 새벽을 해찰하던 야행성의 습성을 깨부수고 아침형 인간으로 거듭나야한다는 것이 당면한 숙제였다. 그들의 기척이 느껴지면 나도 무거운 눈꺼풀을 밀어 올리며 주섬주섬 아침을 당겨 열었다. 그들이 땀 흘리는 시간이면 일 없이도 수없이 뙤약볕을 들락거렸고, 그들이 밥을 먹는 시간에 밥상을 차렸으며, 씨앗을 뿌리고 모종을 심으면 득달같이 종묘상으로 달려갔다. 거름을 내고 병충해 방제를 하면 꽁무니를 좇아다니며 딱히 필요치도 않은 정보를 캐느라 호들갑을 떨었다. 서투르나마 호미질을 하고 흙을 주무르며 매순간 그들과 같은 페이지에 있고자 노력을 했던 셈이다.

벼를 수확한 논에 마늘과 양파를 심느라, 그들은 눈코 뜰 사이 없이 가을을 보냈다. 한여름에 이사를 온 탓에 딱히 거

둬들일 것이 없었던 나는 멀뚱히 그들의 번잡함을 부러워만 하다가 겨울을 맞았다. 뭐라도 거들고 싶었지만 외려 일거리를 만드는 것 같아 선뜻 소매를 걷어붙일 수도 없었다.

이제 그들도 쉴 수밖에 없으려니. 이래저래 헛심만 빼던 내게도 농한기는 반가운 계절이었다. 그러나 웬걸. 그들에게 뜬금없이 도토리 바람이 불었다. 하긴, 내겐 생소하지만 그들에게는 도토리 또한 이즈음의 또 다른 일거리가 되어왔는지도 모를 일이기는 했다. 불룩한 자루를 메고 산자락을 내려오는 그들을 심심찮게 목격하면서 내게도 반가운 숙제가 생겨났다.

'꿀밤이 천지빼까리다. 잠시 꼼쩍거리면 한 말 줍는 거는 일도 아이다. 손이 마이 가서 그렇제. 진짜배기 묵이 얼매나 귀한 건데. 소고기보다 백배 낫다 아이가.'

주춤주춤 산으로 향했다. 집 뒤 야트막한 뒷산은 오래된 참나무가 들보처럼 빼곡하게 하늘을 괴고 있었다. 어쩌다 산행 뒤풀이로 즐겼던 막걸리와 도토리묵의 기막힌 궁합을 떠올리며 부지런히 참나무 밑자리를 더듬었다. 게다가 순도 100% 자연산을 보장할 수 있을지니, 내 손에서 태어나는 '진짜배기 묵'에 대한 막연한 기대가 나를 충동질했는지도 모르겠다. 도시에서는 누릴 수없는 호사라 설레발을 치기까지 했으니.

'배추랑 무를 심었어요. 앙파랑 마늘도 심었어요.'

이따금 도시가 그리울 때면 지인들과 공유하는 인터넷 공간에 시골생활을 자랑질 해오던 참이었다. 고작 흉내만 내는 농사지만, 흙과 버무려진 소소한 일상들을 글로 까발리곤 했다. 포도송이처럼 주렁주렁 달리는 댓글이 신명을 부추겼다. 글로나마 근황을 주고받는 재미는 문득문득 나를 사로잡던 외로움증을 달래 주었다.

도토리를 한 자루나 주워 온 날도 그랬다. 묵을 쑬 거라고, 야심찬 포부를 풀어 놓았지 싶다. '도토리는 다람쥐에게 양보하시죠.' 어느 지인의 완곡한 어투가 아니었다면 진짜배기 묵이 가져다 줄 진짜배기 행복을 꿈꾸며 한동안은 더 산을 해찰하고 다녔을지도 모른다.

뜨끔했다. 지극한 허기도 아니면서, 그들의 밥상에 요란스레 숟가락을 얹다니. 내 손이 얼마나 야박했는지를 생각하자 부끄럽기까지 했다.

마당에 늘어놓은 도토리는 햇살에 쩍쩍 말라가는데, 마음은 편치 않고. 그렇다고 기껏 주워온 것을 제자리에 가져다 놓을 수는 없는 일이었다. 그렇잖아도 아직은 우리의 일거수일투족이 관심사가 되는 분위기라 다람쥐 먹이 운운하며 독자노선을 고집할 용기가 없었다. 그들의 오랜 도토리 행렬에 태클을 거는 것 같기도 하고. 그나마 위안이 되는 것은, 인가와 너무 가까워서인지, 몇 번 올라본 집 뒤 야산에서 다람쥐는커녕 청설모 한 마리도 보지 못했다는 사실이었다.

이왕 엎질러진 물. 결국 도토리는 탱글탱글한 묵이 되어 막걸리 몇 잔과 함께 뱃속으로 들어갔다. 동네 사랑방에도 나누고, 집들이 삼아 다녀간 친척과 도시의 지인들에게도 인심을 썼다. 영악하게도, 나는 죄 없는 그들까지 끌어들여 께름칙한 마음을 조금이나마 희석시켰던 셈이다.

도토리 행렬도 잠시, 사람들이 사랑방에 머무는 시간이 늘어났다. 담 너머로 그들의 기척을 느끼면서 비로소 놀고먹는 일에 편해진다. '나는 네가 가을에 한 짓을 알고 있다'. 때때로 검은 밤을 뒤흔드는 고라니의 악다구니가 도토리의 기억을 복기시키지만 않는다면 말이다. (2018.11)

여자는 이제 보랏빛 오종종한 꽃을 매단
으름덩굴도, 야생 오갈피도 알아봐.
장족의 발전이지. 보고도 못 보는 맹목을 벗어나기 위해
부지런히 발품을 팔아가며 첨단 문명의 이기를 활용하는 여자.
아는 것이 늘어나면 욕심도 늘어나지 않을까 걱정이 되긴 해.
나는 그냥 지금처럼 조금은 맹하게
눈 먼 이삭이나마 천금처럼 귀히 여기는
여자가 더 좋은데 말이야.

4부

# 이삭 줍는 여자

# 손

도시에 나갔다가 장갑 한 켤레를 선물 받았다. 두툼한 세무 가죽에 폭신한 털이 그득 채워진 짙은 카키색의 장갑이었다. 꽁꽁 얼어붙는 날씨에도 맨손으로 다니는 내가 안쓰러워 보였던 모양이다.

사실 나는 장갑을 그리 선호하지 않는다. 추위를 많이 타는 편이라 곰처럼 챙겨 입으면서도 유독 손에게는 야박했다. 기껏 호주머니에 찔러 넣는 게 냉기를 덜어주는 방식이었다. 주인의 불편하고도 부당한 처사를 단 한 번도 성토한 적이 없었으니, 손에 입이 없는 것을 다행이라 해야 할는지.

장갑을 끼면 감각이 둔해져서 거머쥔 것을 놓쳐버리기 일쑤다. 필요에 따라 벗었다 끼면 되는 일이기는 하지만 일일이 그러자니 여간 성가신 것이 아니었다. 결국 장갑은 가방 속에서 짐짝처럼 이리저리 쓸리느라 천덕꾸러기 신세를 면치 못하곤 했다.

불편도 불편이지만, 나는 손이 전해주는 날 것의 감촉을 좋아한다. 어릴 때부터 그랬던 것 같다. 비가 오면 우산 밖으로 한쪽 손을 내밀어 비를 느끼는 버릇이 있었다. 다닥다닥 나를 두드리고 흘러내리는 빗방울을 즐기느라 손등이 얼얼해질 정도로 쏘다니기도 했다. 버릇은 쉬 바뀌지 않아 요즘도 수피, 그 딱딱하고 메마른 감촉을 더듬고, 손가락 사이로 지나가는 바람의 결을 매만지며 혼자만의 오르가즘에 빠지곤 한다.

뿐인가. 설거지나 빨래도 맨손으로 덤빌 때가 많다. 의식적으로 챙겨 끼지 않는 한 고무장갑이 동원되는 일은 별로 없다. 동생은 마치 내 손에 큰일이라도 날 것처럼 걱정을 늘어놓지만 변하는 건 없다. 나물이나 겉절이를 무칠 때도 손으로 해야 직성이 풀린다. 손이 개입을 해야 일을 제대로 하는 것 같으니 어쩔 것인가. 남의 눈에 내 손이 어찌 비치든 나는 사철 맨손주의자일 뿐이다.

오래전, 영화 '말아톤'을 보면서 나는 환호했다. 주인공인 초원이의 손 때문이었다. 태양을 읽고, 바람을 읽고, 얼룩말을 읽고, 세렝게티 초원을 읽고…, 그를 응원하는 사람들의 따뜻한 손을 읽어내는 그 아이의 손에 매료될 수밖에 없었다. 영화 한 편을 보는 내내 몇 번이고 야릇한 동류의식에 소름이 끼쳤다.

언젠가 B선생이 그랬다. 내 손이 곱고 예쁘다고. 단언컨대, 손 콘테스트를 하면 최고의 상을 받을 것이라고까지 찬사 아닌 찬사를 늘어놓았다. 그러나 슬프게도 여자들에게 손이 곱다는 말은 게으름을 에두르는 말쯤으로 치부되어 왔으니.

'자 손 좀 봐라. 손끝에 물 한 방울 안 묻히고 컸다 아이가.'

어머니는 내 손을 두고 십팔번 가락처럼 읊으시곤 했다. 내색은 않았지만, 그럴 때마다 속에서 뜨거운 것이 솟구쳤다. 아들 선호사상이 굳은살처럼 새겨진 시절, 위로 오라버니 하나에 아래로는 여동생 셋을 둔, 없는 집 맏딸이 어찌 손을 떠받들고 살 수 있었으랴. 설거지며, 빨래며, 청소며, 또래 아이들이 하는 만큼은 나도 하고 자랐다. 토요일 오후면 산더미 같은 빨래를 하느라 버겁도록 우물물을 퍼 올렸고, 손가락 사이에 수포가 생겨 벅벅 긁어대던 기억이 아직도 생생하다. 어머니와 나의 기억 어딘가에 충돌이 생겼는지 모르겠다. 교복이며 속옷까지 손수 빨아 대령을 했다는 어머니를 보면서, 손이 내 억울을 조장하는 주범이라고 덤터기를 씌웠다.

B선생의 말을 듣는 동안에도 잠시 야릇한 피해의식에 사로잡혔다. 한때 나도 내 손이 마치 잘 빚어진 마네킹의 손 같다는 생각을 한 적이 있기는 했다. 유난히 투명하고 하얬던 것이 결국은 심한 빈혈 때문이었다는 것을 한참 뒤에 알았지만. 여하튼, 손가락이 길쭉한 것이야 타고났으니 어찌할 수 없지만 내가 손의 미용에 유난히 신경을 쓴다거나, 물 한 방울 묻히지 않을 만치 호사를 누렸던 것이 아닌 것만은 분명하다. 아무리 돌아봐도 홀대라면 모를까, 합당한 대우조차 받지 못한 것이 내 손이다. 주인을 잘못 만난 죄로 손의 고군분투가 심하게 과소평가를 받아왔다고 할까. 그러고 보면 내가 아니라 손이 억울함을 호소해야 할 판이다.

시골로 터를 옮기자고 남편과 내가 뜻을 맞추던 순간에도 손은 눈치를 챘을 것이다. 제 몫이 녹록치 않으리라는 것을. 입이 없어 말하지 못했을 뿐, 손은 뜬금없는 부담백배를 토로하고 싶었는지도 모르겠다. 이마에 결사항전의 띠를 두른 채 목청 높여 '반댈세'를 외치지는 않았을지.

심고 가꾸고 거두어들이고, 비록 손바닥만 한 텃밭일망정 죄 손이 가야하는 일투성이였다. 괭이, 호미, 낫, 삽…, 시골살이를 인증해줄만 한 도구들은 모조리 구비를 해놓았지만 그것들은 익숙해진 사람에게나 편리한 것이었다. 특히나 뽑고 돌아서면 다시 난장이 되어버리는 잡초와의 전쟁에서는 눈에 보이는 족족 끄덩이를 잡는 맨손 투혼이 훨씬 쉽고 빨랐다. 연장과 한 몸이 되는 경지는 여전히 요원하여서, 뽑아야 되겠다는 생각이 들면 연장은 집에 있고, 그것을 챙기러 가는 동안 전의는 상실되어버리니. 챙기고 말고 할 것도 없이 뚝딱 꺼내 쓸 수 있는 손이야말로 입안의 혀처럼 편리했다.

도구를 사용하면서 인류는 인간이 되었다고 한다. 이름 하여 호모 파베르Homo faber다. 그러나 나는 진화를 거역하듯 과감히 도구를 배제한다. 흙투성이가 되어 엉거주춤 두 손으로 풀포기를 잡아채는 모습은 네 발 짐승과 별반 다르지 않았으려니. 비온 뒷날 산더미처럼 쌓이는 잡초무더기로 인해 맛본 쾌감은 손이 선사한 것이었다. 손이 딸이라는 옛말처럼, 가장 빠르고 속 시원한 전법은 손에서 비롯되었다. 와중에 손이 얼마나 재바르고 편리한 도구인지, 거듭거듭 깨달아 가는 중이다.

자연스레 내 손도 조금씩 검고 거칠어지며 나를 촌부로 만들고 있다. 손이 도구로써의 정체성을 잃어버려도 좋은 세상, 손 하나 까딱하지 않아도 모든 것이 해결되는 세상이 그립지 않은 것은 아니다. 두 손도, 첨단의 기기들을 수족처럼 부리며, 과시 내지는 자기만족의 장신구를 걸치고, 화려한 네일아트의 캔버스가 되던 어제들을 쉬 잊지는 못할 것이다. 그럼에도 흙손조차 누추함으로 여기지 않는 손의 넉살 덕분에 죄 서툰 것 속에서도 나는 나날이 안녕해지고 있다.

어느 뇌과학자는 스마트해진 세상이 인간의 진화를 멈추게 할 거라고 경고를 한다. 노동이라는 본연의 임무를 기계에게 양보하고 손이 한가해진 까닭이란다. 그렇다 한다면 얼마나 다행인가. 거침없는 수고手苦로 나의 퇴보를 막아서는 충

정의 손이 내일도, 모레도 부지런을 떨어 줄 것이니. 저녁에는 싸구려 핸드크림이나마 듬뿍 선사해야겠다. (2019.7)

# 공범

도꾸가 갔다. 주인을 향해 있는 대로 꼬리를 치다가 개장수 손에 넘겨졌고, 덜렁 목줄에 매달려 짐짝처럼 트럭 철장에 내던져지는 걸 멀찍이서 지켜보았다. 녀석이 죽고 못사는 닭가슴살 간식으로 마지막 만찬이라도 즐기게 해줄까, 갈등을 하지 않은 것은 아니었다. 녀석의 눈을 마주할 용기도 없었지만, 고작 그것으로 비겁한 방관을 상쇄할 수 있을 것 같지 않았다. 녀석이 맞닥트리게 될 상황이 내가 상상하는 것처럼 험악한 것만은 아닐지도 모른다며, 빤한 결말을 애써 부정하며 그냥 끝까지 비겁하기로 했다.

3년 전, 이사를 오면서 녀석을 만났다. 허름한 소막의 초입이 녀석의 밥자리요, 잠자리요, 똥자리였다. 그곳에서 사방 1미터 남짓의 자유를 누리던 개가 도꾸였다. 평생 소를 키웠다는 팔순 안팎의 노부부에게 소야말로 집안의 가장 든든한 돈줄이 아니었을까. 그렇다한다면, 금고지기와 다름없는 막중한 임무에 비해 도꾸는 심히 부당한 대우를 받았다. 고작 소사료 한 바가지가 하루치의 양식이었건만 앙상한 몸에 비해 바보 같은 충성심은 차고 넘쳐 주인의 발자국 소리만 들려도 꼬리가 빠져라 흔들어 댔으니.

녀석은 주인 부부를 제외한 어느 누구도 경계의 대상에서 열외 시키지 않았다. 컹컹, 매일 보는 주인 아들에게도 사력을 다해 짖었다. 식구도 못 알아보는, 바보 같은 놈. 날마다 지청구를 들으면서도 수문장으로서의 사명에 충실했다. 나도 예외는 아니었다. 맨날 보고도 맨날 짖는, 바보 같은 놈. 주인을 흉내 내며 타박을 했지만 녀석의 굳건한 사명의식에 흠집을 낼 의도는 결단코 없었다.

나는 이따금 닭가슴살 두어 개를 들고 도꾸를 찾았다. 소리만 요란한 깡통처럼, 내세울 것이라곤 '컹컹' 뿐이라는 걸 이미 간파했기에 두렵지는 않았다. 오지마, 오지마, 한 걸음만 더 오면 확! 숨넘어가는 소리로 으름장을 놓았지만, 코앞까지 다가가도 절대 확 어떻게 하지 못하는, 순하디순한 허세덩어리가 도꾸였다.

한동안 닭가슴살 교류가 이어졌다. 녀석은 내 손에 쥐어진 것을 읽었고 그것에 혹한 순간만은 소리를 내려놓았다. 그러나 채 씹지도 않고 꿀꺽 삼켜버린 도꾸는 고막이 쩡쩡 울리도록 다시 짖어댔다. 감사의 인사는커녕 안면몰수를 해버리는 통에 머쓱하게 돌아설 수밖에 없었다. 그렇게 가깝지만 가깝지 않은 거리를 유지하며 나는 눈곱만큼이나마 단백질 공급원으로서의 역할을 자청했다.

도꾸에게 배척의 낙인이 찍힌 것은 그로부터 얼마 지나지 않아서였다. 녀석에게 구안와사의 증상이 찾아왔다. 애가 탔다. 삐딱하게 돌아가는 입이 불행의 예고편인 것만 같아서였다. 잡식성의 동물이 초식용 사료만으로 연명을 했으니, 그간 누적된 부족분이 반란을 일으킨다는 생각이 들었다. 그러나 개는 그래도 되는 족속들이라는 고정관념의 벽은 높고도 단단했다.

녀석이 아무리 애달프다한들 내가 감 놔라 대추 놔라 할 처지가 아닌 것만은 분명했다. 민법상 유체물. 개는, 그리고 도꾸 역시 물건으로 정의되는 바, 이미 오래전부터 주인의 소유의지에 따라 생사가 결정되는 것이 당연시되어 왔다는 말이다. 다만, 한 지붕 아래서 보낸 세월이 짧지 않으니, 치료는 고사하더라도 내치지는 말아주시라, 애절한 눈빛으로 노부부의 감정선에 호소를 할 뿐이었다.

그 즈음 복실이가 왔다. 막 어미젖을 뗀 철부지답게 하얗고 영민하고 깨방정을 떠는 강아지였다. 녀석의 귀여운 짓거리를 보고서는 닭가슴살 멤버에 추가하지 않을 수 없었다.

복실이가 도꾸의 후임이라는 것은 삼척동자도 뀈 일이었다. 복실이가 덩치를 키울수록 도꾸의 내일이 짧아진다는 생각 때문에 상심의 순간이 생겨나기 시작했다. 그렇다고 천방지축 복실이에게 죄를 물을 수는 없는 일이었다. 한동안 답이 없는 답으로 골몰하다가 겨우 찾은 방책이 오지 않은 일을 미루어 읽지 말자였다. 내가 어찌할 수 없는 일을 두고 속앓이를 한들 달라지는 것은 없을 것이라고. 어느 날부터인가는 아예 녀석들을 찾지 않는 것으로 출렁이는 해일을 잠재웠다. 그것이 내 첫 번째 비겁이었는지 모르겠다.

팔려가기 사흘 전, 내가 아는 한, 도꾸는 처음으로 소막을 벗어났다. 그러나 그것은 자유가 아닌 축출의 개념이었다. 뒤란 밭둑, 녀석은 어설프게 급조된 그늘막 아래에서 세상이라는 맑고 시원한 바람에 몸을 떨었다. 급작스런 해방감이 무척이나 당혹스러운 눈치였다. 첫 외출에 마지막이 예약되었다는 사실을, 어쩌면 녀석도 눈치 챘는지 모른다. 그런들 나는 쓸모 잃은 물건을 처분하는 사람들의 방식에 대해 왈가왈부하지 못했다. 침묵은 곧 비겁한 동조라는 내 안의 소리만 사방에서 나를 찔러댔다. 그럼에도 내가 할 수 있는 것은 오로지 3년의 친교 이상으로 도꾸를 추모하는 것뿐이었다. 복날을 앞두고 수없이 생겨나게 될 도꾸들을 소환해가며 추모했다. 고작 그것이, 한 공범으로서 할 수 있는 최대한이었다.

허망하게 도꾸를 보낸 다음날 우리는 스테이크를 구웠다. 웰던? 미디엄 웰던? 아니면, 레어? 두툼한 고기를 뒤적이며 군침을 흘렸다. 육즙을 가두어 혀끝을 즐겁게 하겠노라며 아무렇지 않게 취향을 나누었다. 그리고 핏기가 어리는 고기를 질경질경 씹었다.

어쩌면 나는 도꾸가 아닌 또 다른 도꾸를 먹었던 게 아닐까. 비뚤어진 입을 먹고, 절대 순종의 의지를 깃발처럼 펄럭이던 꼬리를 먹고, 음습한 소막에서 홀로 보낸 도꾸의 일생을 먹은 것인지도 몰랐다. 아니, 얄팍한 나의 이율배반을 꾸역꾸역 삼켰을 게다.

그날 밤, 나는 뒤틀리는 배를 끌어안고 화장실을 들락거려야 했다. 끝내 소화되지 못한 도꾸를 배설하느라 초주검이 되었다. 그것은 내 몸이 거쳐 온 수많은 도꾸들에 대한 애도의 의식이자, 비겁함에 대한 단죄였다. (2021.6)

# 오지랖 풍년

남편 배웅 차, 급하게 현관을 나서다 기겁을 하고 말았다. 고동색 슬리퍼를 뒤덮고 있는, 정체를 알 수 없는 것들의 시커먼 난장. 눈이 인지하고 뇌가 진상을 파악하기도 전에 불쑥 튀어나가는 것이 발의 관성이기는 하지만, 그 간발의 차이 때문에 발을 헛짚어 그렇잖아도 보잘 것 없는 코를 작살낼 뻔했다.

막 어둠을 벗겨내는 동살에 슬리퍼를 비춰보았다. '헐!'. 스웨이드 재질 속으로 빼곡하게 정수리를 박고 있는 도깨비바늘로 인해 신발은 흡사 두 마리 성난 고슴도치의 몰골이다. 대체 저 대책 없는 것들이 어디에서 왔단 말인가.

신발만큼 주인의 행적에 솔직한 것이 있으랴만, 저 신발 한 켤레의 주인인 나는 근래에 들어 결단코 도깨비바늘이 창궐을 할 만한 곳에 간 적이 없다. 아니, 어제 낮까지만 해도 멀쩡했으니, 사달은 분명 내가 집을 비운 오후이거나 저녁 무렵에 생겼을 게다. 자석도 아니면서, 저토록 많은 바늘을 제 몸으로 불러들인 연유가 무엇인지. 두 짝 슬리퍼에게 물을 수도 없고, 묻는다한들 답을 줄 리도 만무하고…. 도깨비에게 홀린 기분이다.

그제야 남편은 머쓱한 표정으로 사연을 털어놓는다. 엊저녁, 사방이 죄 깜깜한데 윗집 할매가 핸드폰 불빛에 의지해서 송아지를 찾으러 다니더란다. 오지랖이 발동한 이 남자, 보고만 있었을 리가 없다. 입은 옷에 슬리퍼를 끌고 나가 합류를 했다나.

할매는 대형견 '도꾸'를 수문장 삼은 소막에 예닐곱 마리의 소를 키우고 있다. 미운 일곱 살처럼, 송아지도 말썽을 부리는 시기가 있는지, 자칫 방심을 하면 막사를 뛰쳐나와 어슬렁거리는 녀석이 생기곤 했다. 그럴 때마다 어미는 길고 묵직한 저음을 목청껏 풀어 녀석을 불러들였다. 어지간히 빤질거리던 녀석도 바깥이 심드렁해지면 제 발로 어미 곁을 찾아 들어가곤 했는데, 어제는 어두워지도록 귀가를 하지 않은 모양이었다.

몸값이 만만치 않은 녀석이라 할매는 있는 대로 속이 타들어 갔을 게다. 읍내에서 한 잔 거나하게 걸치고 귀가를 한 바깥 어르신은 '내 모르는 일'이라며 세상 편하게 주무신다더라나. 근방에 고작 대여섯 가구, 게다가 다들 팔십을 이쪽저쪽에 둔 노인들뿐이니 제일 먼저 우리 집으로 달려와 도움을 청했는지 모른다. 자기 집 일에는 거북이 스타일이지만, 남의 집일은 말 떨어지기가 무섭게 두 손 두 발 걷어붙이는 이 남자가 시늉만으로 거들었을 리도 없다. 꿰어 신은 신발이 내 것인지, 네 것인지도 모른 채 고샅을 지나 마른 나무 등걸이 무성한 마을 언저리까지 샅샅이 플래시를 비추고 다녔음이 분명하다.

터만 남아 집이었음을 말하는 허름한 공터 구석에서 어둠을 뒤집어쓰고 있는 녀석을 발견했단다. 우거진 덤불과 잡목 사이에 갇히다시피 주저앉아 젖은 눈만 끔뻑거리고 있더라나. 철딱서니가 없는 건지, 저도 놀랐는지, 아무리 불러도 도통 움직일 생각을 않는 녀석을 끌어내는 일도 만만치 않았단다. 결국 낫을 동원해 주변을 대충 정리한 후 껴안다시피 데리고 나왔다니 옷이고 신발이고 성할 턱이 있으랴. 소맷부리며 바짓가랑이를 장악한 도깨비바늘은 겨우 처리를 했다는데 신발까지는 생각이 미치지 못했던가 보다. 간밤 남편이 펼친 오지랖의 흔적이 슬리퍼에 고스란히 남은 셈이었다.

그나저나 저걸 언제 떼어 낸담. 게다가 도깨비바늘이라는 것이 이름만큼이나 만만찮은 상대가 아닌가. 도마뱀도 아니면서, 여차하면 뾰족한 집게발을 뚝 끊어놓고 뽑혀 나오는 끈질긴 놈이라 아무리 제거를 해도 한동안은 발등을 찔러댈 터였다. 멀쩡한 자기 신발을 놓아두고 하필이면 내 슬리퍼를 신었느냐고, 목구멍까지 넘어오는 잔소리를 꿀꺽 눌러 삼켰다.

'너나 잘하세요.'

한때 오지랖을 비아냥거리는 유행어가 떠돌던 적이 있다. 남의 일에 가타부타 말고 자신의 일이나 똑바로 하라는 경고 아닌 경고다. 아니, 어떤 이유든 내 삶에 타의 개입을 원치 않는다는 극 개인주의적 성향을 대변하고 옹호하는 말일지도 모르겠다.

그러고 보면 시골은 문명의 이기만 늦은 곳이 아니다. 도시에서는 찾아보기가 힘들어진 오지랖이 아직은 풍년이다. 뉘 집에 뉘가 오는지도 알아야 하고, 무슨 일로 왔는지도 궁금하다. 도토리묵을 쑤어도, 김장김치를 담가도 한 사발씩은 돌려야 스스로가 야박하지 않다. 부엉이 곳간처럼 없는 것 빼고는 다 있는 허름한 창고에서 이것저것 인심 좋게 건너온다. 메주 만드는 법을 청하면 아예 콩을 자루 째 옮겨다가 자신의 가마솥에 불부터 지피고 앉으니 말을 꺼내기가 망설여질 정도다. 거머쥐고 여며 닫기에 익숙한 우리지만, 없는 오지랖도 꺼내 들어야 야박한 도시 촌놈을 면할 수 있는 분위기랄까.

무어 그리 도움이 될까마는, 일손이 모자라는 눈치면 부르지 않아도 출동을 한다. 비 오고 일 없는 날엔 눈치껏 부침개 몇 장을 부치고, 동네사랑방이 시끌벅적하면 안주거리부터 찾는다. 윗집 노부부가 투덕거리는 기척이라도 나면 남편을 등 떠밀어 남의 집 부부싸움까지 간섭을 하려드는 나를 보면 오지랖도 전염이 되는가 싶다. 그러니 송아지 가출 사건에 내

일처럼 해결사를 자처한 남편을 두고 따따부따 할 처지는 못 된다.

사전 상 오지랖의 의미는 '웃옷이나 윗도리에 입는 겉옷의 앞자락'이란다. 당연 오지랖이 넓으면 가슴도 넓다는 말일 게다. 비록 오지랖 넓다는 말이 부정적인 뉘앙스를 풍기기는 하나, 따지고 보면 남이야 어찌됐건 무관심으로 일관하는 것보다는 인간적이라 싶다.

남편의 오지랖 덕분인지, 일찌감치 사랑방으로 내려오는 할매의 발걸음이 가뿐하다. 어차피 엎질러진 물. 족히 한나절은 도깨비바늘과 씨름을 하는 수밖에 없겠다. 오지라퍼답게 심호흡 한 번으로 불편한 심사를 날려 보낸다. (2019. 11)

# 페이스메이커

삶의 주로走路가 바뀌었다. 북적대던 도시를 내려놓은 덕분이었다. 지나치게 고요하고, 지나치게 헐렁하고, 지나치게 깜깜하고, 지나치게 적적하고…. 사방 아날로그의 향취가 물컹물컹 밟히는 그 길이 한동안은 당혹스러웠다. 말 그대로 'back to the yesterday', 나만 남겨둔 채 시간이 거꾸로 흘러가버린 것 같았다.

실상, 원초적인 자연의 터전은 내게 처음인 듯 처음이 아닌 곳이었다. 시골에서 태어났으나 산도 들도 꽃도 나무도 때 묻은 벽지처럼 일상적이고 진부했으므로 별다른 감흥을 키우지 못했다. 철들 무렵부터는 오만 촉수를 도시로 뻗었으니 보아도 보이지 않는 맹목의 시간이었고. 처음은 분명 아니지만 처음과 다를 바 없었기에 모양 빠지는 헛발질의 역사는 예견된 수순이었는지 모른다. 그나마 믿을 구석이라곤 인간에게 내린 신의 은총, 적응력뿐이었다. 얼마간의 시간을 지불하면 원치 않아도 죄 내 것이 되어 있으려니. 구태여 안달복달을 가불할 필요까지는 없다며 풀썩거리는 마음을 갈앉히곤 했다.

길은 생소한 것투성이였다. 길의 부속으로 따라오는 것들이 판이하게 달라졌다. 사람과 풍경, 일상을 이끌고 가는 화두까지도 어제의 그것은 아니었다. 야심차게 보따리를 풀었지만, 매순간 내가 얼마나 서투른지를 확인하는 일의 연속이었다. 그때마다 예서 그만 주저앉을 수는 없노라며 엉덩이를 추근거리던 묘한 승부욕이라니. 나를 휘몰아치는 좌충우돌이야말로 삶의 반전이 주는 묘미라 능갈칠 수 있었던 것은 밑도 끝도 없는 승부욕 때문이었지 싶다.

새 길에 안착하기 위해서는 두고 온 길을 되새기는 일이 먼저였다. 돌아보면, 시어터진 김치마냥 무기력으로 일관되던 나날이었다. 나태와 안일이라는 달큼한 꼬드김에 눌러 앉아 보폭이 줄어들고 있다는 것을 깨닫지 못했다. 삶은 곧 죽음에 대한 저항이라던 누군가의 말이 사실이라면, 내게는 악착같아야 할 저항정신마저 시들해지고 있었다. 그런 나를 구출하기 위한 시도가 귀촌이었던 셈이다.

신은 인간에게 감당할 만큼의 짐을 지운다는 말을 떠올리며 내 안의 뱃심을 그러모았다. 다행스럽게도, 새롭다는 긴장감마저 활력으로 변환되어 주었다. 획일화된 일상을 떨쳐버렸다는 사실만으로도 긍정의 주문을 걸 명분이 충분했다.

삼백 예순 다섯 날이 정신없이 지나가 주었다. 네 계절의 생경한 파노라마는 잠시도 나를 내버려 두지 않았다. 봄을 배우고, 여름을 받아 적고, 가을을 탐색하고, 겨울을 되새기고…. 오감의 촉수를 풀었다 되감느라 바쁠 틈도 지루할 틈도 없었다. 삶을 일러 멈추어 서는 일도 배턴 터치도 허락되지 않는 고독한 경주라지만, 때때로 맞닥트리는 길의 변신이 피로감을 반감시켜 준다는 것을 실감할 수 있었다. 떨고 다시 시작하는 주판처럼, 나를 초기화하는 일도 그로 하여 가능했다.

무릇 길 위에 서는 자, 길의 변화무쌍에서 자유로울 수는 없다. 오르막도 내리막도 숨을 달구거니와, 직진이나 우회로, 더러는 도돌이표가 찍힌 길도 고요와 평안을 훼방 놓는다. 그러나 늪처럼 시커먼 아가리를 벌린 허방도, 송곳처럼 모서리를 세운 돌부리도 길의 선물이라 눙치고 나면 해법은 간단하다. 삶이라는 길 위에서는 달리는 일만이 숙제이므로, 완주하는 날까지 자기만의 페이스를 잃지 않는 것이 관건이다.

완주라는 것도 제각각이긴 하다. 뜬금없이 등장한 '100세 시대'가 결승점을 엿가락처럼 늘려 놓았다. 그러나 어디까지나 희망이 반영된 숫자일 뿐, 한 세기를 구가하는 이들은 극소수다. 자의든 타의든, 평균 수명에 못 미쳐 레이스를 끝내버리는 이들도 생각보다 많다. 자신의 끝이 어딘지 미리 알 수 있다면 멋진 피날레라도 준비하련만, 그런 능력자를 보지는 못했으니 어쩌랴. 살아지는 날까지 사는 듯싶게 살아내는 수밖에.

아찔하게 비상하다가, 바닥의 비루함을 덕지덕지 묻히다가, 대저 길의 주문이란 종잡을 수 없기 마련이다. 수없는 난코스를 이겨내며 반환점을 찍은 자에 대한 예우일까. 요즘은 길의 표정이 꽤나 우호적이다. 우선은 밥이라는, 출발지이자 결승점에 우왕좌왕하지 않을 만치 배짱이 두둑해진 때문인지도 모른다. 더 많이 가지고 더 높이 떨치기 위해 지름길을 탐하는 마음도 예전 같지 않다. 무엇보다, 부딪치고 깨어지면서도 악착같이 파고 들어야 했던 관계망이 훨씬 성글어진 길이다. 무겁고 거추장스럽던 방패막이에서 홀가분해져도 좋다는 뜻이다.

오늘이 익숙해지는 만큼 어제는 희미해진다. 발밑으로 접어 넣은 무수한 길의 꾸리를 당겨보면 아스팔트 위를 종횡무진하느라 뒤축 닳은 시간들이 꾸역꾸역 이끌려 나오지만 희한하게도 현실감은 별로 없다. 내가 과연 그 길 위에서 숨차게 동동거렸거나, 도둑숨으로 연명했던 시간이 있기나 했던지 헷갈리기조차 한다. 반듯하고, 화려하며, 편리하던 것들, 그들에게 내 이름표를 붙이느라 버거웠던 순간들도 기억의 저편에서 희미하게 명멸한다.

더러 적정한 거리로, 더러는 다정한 언어로 보폭을 맞춰주던 사람들과 격조해졌다. 그로 인한 허전함도 시나브로 극복이 되는 중이다. 나의 주로와 그들의 주로가 겹쳐지는 지점에서 잠시 서로가 서로에게 페이스메이커가 되었던 것이라고 함께하던 시간을 반추하는 것이 '점점 이별'에 대처하는 나름의 해법이랄까.

이따금 옛 길 위의 사람들을 향해 수화기를 들지만 그것은 어쩌면 그곳에 남겨두고 온 나의 안부를 묻는 일인지도 모른다. 그렇게 어제와 오늘을 오가는 동안 무게중심이 옮겨질 게다. 끝날 때까지 끝이 아닌 이상, 붉고 푸르던 어제를 비활성화 시켜 두고 오늘도 쾌히 내 삶의 주전主戰으로 길을 박차는 일만 남았으려니.

새 길에는 유독 입 없는 응원군들이 선전을 해준다. 껴입었다가 벗었다가, 노랗다가 빨갛다가, 나지막한 뒷산은 잠시도 멈추지 않고 계절을 상영한다. 이름 모를 새들도, 하늘도 땅도 달도 별도 제 깜냥 껏 보폭을 맞춰준다. 얼치기 주자인 내게는 몇 안 되는 이웃이 담장 위로 건네주는 따뜻한 말의 안부마저 일당백의 동지감이다. 그들은 하나같이 나를 미로에 들지 않게 호흡을 맞춰주는 페이스메이커라 굳게 믿는 중이다. 비록 착각일지라도, 나의 완주를 거들기 위한 그들의 분투를 생각하면 하시라도 한눈을 팔 수가 없다.

그곳이 어디이든, 언제 당도하는 것이든 내게도 결승점이 있을 것이다. 시간이라는 느리고도 빠른 속도의 유전자를 내 안으로 심다보면 다다르게 될 지점이다. 여태가 그러했듯이, 길 위를 뚜벅이는 일이 비록 고달플지나, 함께 길품을 파는 이들이 있는 한 외롭지만은 않겠다. (2021.4)

# 이삭 줍는 여자

깜짝이야. 또 그 여잔가 보네. 벌써 몇 번째야. 멀쩡한 길을 두고 굳이 길이 아닌 길로만 싸돌아다니는 저 여자, 오늘은 또 어디서 불쑥불쑥 모습을 드러낼지 몰라. 일단은 도망부터 쳐야겠다. 후다닥.

여자를 처음 보았던 것이 언제더라. 아, 맞다. 지난여름, 그 뜨겁던 날 중 하루였어. 사람은커녕 개미새끼 한 마리도 보이지 않을 만치 오후의 햇살이 대단하더라고. 다행히 녹음이 우거진 이곳은 그늘을 깔고 앉으면 그럭저럭 견딜 만 해. 무주 공산 같은 겨울이 문제지.

아무튼 그날도 이리저리 그늘을 따라 다니며 더위를 피하는 중이었어. 간만의 인기척이었지만 몸도 녹작지근하고 해서 도망갈 궁리를 내지 않았어. 앉은 자리를 고수한 채 눈알만 게으르게 굴렸지. 누군가 시야에 들어오더군. 여자는 나를 보지 못했지만 나는 여자를 보았지.

산이라고는 하지만 여기는 솔직히 산이라고도 할 수 없는 산이야. 굳이 해발을 따지기도 민망한 산이지. 도토리 키 재듯 고만고만한 봉우리 여럿이 골짜기를 만들어 놓은 게 고작 산의 면모지.

내가 태어나기 전부터 골짜기마다 서너 채의 인가가 양념처럼 자리를 잡고 있었다네. 아이들 학교나 직장 문제가 생기니 젊은 사람들은 대처로 나갔을 게고, 청춘을 그곳에서 보낸 사람들만 터주가 되어 늙어갔겠지. 그들도 하나둘 명을 다한 후에는 인적이 끊어질 수밖에 없었을 것이고. 차도 못 다니는 곳에다, 논이고 밭이고 하늘이 비를 주어야 작물을 거둘 수 있으니 이 고단한 터에 누가 들어와 살려고 하겠어. 그러구러 코딱지만 한 동네의 역사는 막을 내렸겠지만, 지금도 옛 집터

들이 드문드문 남아 있어서 우리가 뛰놀기는 그저 그만이야. 긴 다리로 겅중거리며 소일을 하다 보니 구석구석 내 손바닥 들여다보듯 훤할 수밖에. 그러니 누가 들고나는지는 금방 내 주파수에 걸리거든.

타고나기를 새가슴으로 타고난 지라, 바스락거리는 소리만 나도 줄행랑부터 치고 보는 것이 우리의 본능이야. 그렇지만 상대를 시선 밖에 둘 정도로 아주 멀어져버리지는 않거든. 구석진 덤불 속에 몸을 감춘 채 눈과 귀로 그들을 주시하지. 어느 공포 영화의 제목을 흉내 내자면, 나는 그 또는 그녀가 산속에서 한 일을 다 알고 있다고나 할까.

우리가 새가슴이듯, 사람들은 태생적으로 근시안이었는가 싶어. 멀리 크게 볼 줄을 몰라. 당장 눈앞의 일만 해결하면 그만이라고 생각하나봐. 저 아래 늪지 쪽을 보면 가관이야. 소소한 가재도구에, 플라스틱 통, 부서진 의자, 컴퓨터, 하다못해 변기까지 던져놓고 갔어. 덕분에 산 옆구리 한 곳은 아예 쓰레기 야적장이 되어 버렸지. 그 옆으로 봐. 작년 가을에 상품 가치가 없는 양파를 트럭 째 실고와서 쏟아 놓고 가더라고. 한동안 썩어 문드러지는 냄새가 나서 견딜 수가 없었는데, 그 중에서도 살아남을 놈은 살아남아서 어찌나 왕성하게 순을 밀어 올리는지. 봄이 오니 양파 밭이 되어버렸잖아.

미안하지만, 나는 몰래 다녀간 이들의 면면을 다 보았지. 겉으론 멀쩡한 사람들이 속은 왜 그렇지 시커먼지 말이야. 그래서 사람이라는 족속들에게 더 경계심을 가지게 되었는지도 몰라.

허여멀건한 피부에 키만 껑충하던 여자. 그녀도 당연 경계 대상에서 예외일 수는 없었지. 사시사철 내처 일만 하느라 눈코 뜰 새가 없는 것이 이곳 여자들이니 화장한 얼굴은 참 보기 드문데 말이야. 눈 그리고, 입 그리고, 꼼꼼하게 화장한 여자를 보니 호기심이 생기더라고. 그러고 보니 도시물도 좀 묻은 것 같고.

다들 에어컨 빵빵하게 켜 놓고 집밖을 위험지구로 선언하는 마당에 무릎까지 오는 장화에, 챙 넓은 모자, 긴 토시에 장갑, 게다가 화려한 문양이 새겨진 등산 스틱까지 완전무장을 하고 주춤주춤 올라오더라고. 그러고 보니 동행한 남자도, 노인네도 근방에서 보지 못했던 사람들이었어. 봄이 되면 두릅 때문에 더러 출입을 하는 이들이 생기지만, 유명짜한 등산로가 있는 것도 아니고, 있던 길조차 사라지는 형편이라 주로 우리들 네 발 짐승들의 요새나 다름없는 곳이거든. 한여름 뙤약볕을 헤치고 저들이 얻어갈 게 뭐 있나 싶어 의아해 하는 나와 달리 그들은 까만 비닐봉지 하나씩을 덜렁거리며 나름 야심차게 걸음을 떼더라고.

얼마 지나지 않아, 빨갛게 익어가는 제피열매가 그들의 표적이라는 것을 알 수 있었어. 온통 가시투성이를 요리조리 피해가며 그 냄새 고약한 것을 제법 불룩하게 따 모으더라고. 냄새에 가시 때문에 나는 근처에도 안 가는데 말이야. 어쨌거나 알토란같은 우리 양식을 축내러 온 것 같지는 않아서 다행이었다 할까.

처음에는 외지에서 다니러온 사람이겠거니, 한두 번 보이다 말겠거니 했어. 그런데 내리 며칠 동안 그들은 비슷한 시간에, 비슷한 차림으로 산을 찾더라고. 어설프기는 했지만, 이리저리 훑고 다녔으니 수확이 꽤 쏠쏠했을 거야.

궁금해지기 시작했어. 산 바로 아래에는 고작 예닐곱 가구뿐이고 다들 연로한 어르신들이 살고 있는데 저 여자는 대체 뉘 집 객일까. 근처를 어슬렁거리다 보니 동네 입구집 대문을 들어서더라고. 그 집은 바로 산 초입을 면하고 있다시피 해서 마음만 먹으면 마당은 물론 거실까지 훤히 들여다 볼 수 있는 집이야. 동네에서 연식이 덜 된 집이기도 하고. 아무래도 이곳 토박이는 아닌 사람들이 사는 모양이었어. 얼마 전, 요란하게 이삿짐이 오가더니 아마도 그때 주인이 바뀌었던가봐. 그 즈음 마당에 나타난 뱀 한 마리를 보고 정신줄을 놓는 바람에 응급실에 실려 갔다 왔다던 사람이 바로 저 여자였던가 싶더군. 어쩐지 영 시원찮아 보이더만, 요즘 유행한다는 귀촌이라는 걸 한 거겠지. 고작 뱀 한 마리에 기겁을 하다니, 그 정도 강단으로 무슨 시골살이를 하겠다고, 쯧.

그 후 한참을 뜸했어. 잊을만할 즈음 망개나무를 몇 뿌리 캐 가더니 어느 날인가 본격적으로 도토리를 주우러 다니데. 동네 할머니들도, 농사일을 끝낸 젊은 아낙들도 날 잡아 몇 번 씩 산을 더듬고 간 후였어. 어디서 들었는지 그 여자도 커다란 비료포대를 들고 도토리 대열에 끼더군. 이 산이 죄 참나무라 밟히는 게 도토리거든. 게다가 도토리의 주인 격인 다람쥐는 거의 없다시피 하고, 우리 같은 초식들의 먹이라고는 하지만 겨울이 되면 죄 썩어문드러지는 형국이니 인간들과 좀 나눈다고 해서 문제될 건 없어.

두 발 달린 짐승이든, 네 발 달린 짐승이든 발이 가는 길이 정해져 있겠어? 여자는 도토리를 찾아 헤매고, 나는 그런 여자를 구경하느라 제법 서로의 반경이 겹치기도 했어. 그러는 와중에 멀찍이서나마 서로의 존재를 확인하게 된 적도 있었던 것 같아. 언젠가 그 여자가 윗집 할매한테 나에 관해 물어보는 것을 들었거든.

"산에서 사슴처럼 생긴 동물 한 마리를 봤는데, 눈도 마주칠 틈이 없이 후다닥, 달아나더라구요."

"고라이 아이가. 고라이는 괜찮타. 사람 안 해친다. 오늘같이 추울 때는 내가 불 때는 거 보고 여 너머 소막 근처까지 잘 내리온다. 지금도 어데 있을 끼다. 고란아, 일로 뜨신 데로 온나. 묵을 거 주꾸마."

사실, 나 그때 총알 같이 달려 나갈 뻔 했잖아. 진심인 줄 알고. 사방 안개가 자욱해서 앞도 뒤도 안보이지, 으슬으슬 춥지, 배는 고프지. 마침 할매가 새벽 같이 가마솥에 불을 지피고 앉았길래 온기라도 좀 탁발해보려고 산을 내려와 있었거든.

콩이고 옥수수고 심어 놓으면 죄 뜯어 먹는다고, 요즘은 밭 두렁마다 쇠막대를 꽂고 그물까지 꽁꽁 둘러놓는 바람에 밭 근처에 얼씬도 못하는 처지야. 매일 '그 넘의 고라이 땜에 이것도 못해 묵고 저것도 못해 묵는다'고 노래 부르던 할매가 갑자기 나를 걱정해주는 멘트를 날리니 감동 안 먹게 생겼어? 사실 그러는 할매도 지난 가을 도토리를 무진장 주워 갔어. 아무도 없는 새벽이나 추적추적 빗줄기가 때리는 날도 개의치 않았어. 그 비를 다 맞아가며 줍더라고. 먹을 것이 남아도는 것이 인간 세상이라는데, 빈 비료포대를 들고 와서는 질질 끌어야 할 만큼 욕심껏 주워가더라고. 도토리가 인간에게도 무척이니 요긴한가보다 했지. 그나저나 그걸 다 어쨌나 몰라.

그 여자는 늘 뒷북이었어. 도토리가 흔했기에 망정이지 안 그랬음 불쌍해서 못 볼 뻔 했지 뭐야. 여기 사람들이 얼마나 부지런하고 발 빠른지 도무지 체감을 못하는 모양이었어.

겨울 동안은 칩거만 하더니 날이 살살 풀리자 요즘 다시 뻔질나게 산을 찾네. 나름 고사리도 꺾고, 산나물도 캐고, 두릅이니 뭐니 욕심내는 게 많은가 봐. 시골로 터를 옮겨오면서 누구나 꿈꿔보는 전원생활의 로망 같은 것이겠지. 변한 게 있다면 화장기 없는 날이 많아졌다는 것 뿐 까만 비닐봉지에 과도 하나 찔러 넣고 터벅터벅 길 없는 길을 헤매고 다녀. 그간 산이라는 야생에 대한 내성이 생겼는지 혼자서도 곧잘 오더라고. 언젠가 한 번 여자와 정통으로 마주쳤는데, 글쎄, 나더러 "고란, 고란" 다정하게 부르더니 주섬주섬 배낭을 뒤지더라고. 여자의 배낭 속에 과연 내게 줄 만한 것이 있었을지, 아직도 그게 의문이야.

슬프게도 여기는 여자가 얻고자 하는 것이 대부분 없어. 고작 가을엔 도토리, 봄이면 두릅이 좀 있을 뿐이야. 말했지. 산이라는 이름조차 민망하다고. 희한하게도 산에 나물 같은 것이 하나도 없다고, 언젠가 여자가 윗집 할매한테 투덜거리더라고. 그런들 없는 걸 어찌할 거야. 고사리랑 나물이 없다고 다시 도시행 이삿짐을 쌀 수도 없는 노릇일 테고.

여자는 두릅에 재미를 붙이기로 한 모양이야. 추측컨대, 두릅 정도만 아는 눈치야. 내가 보기에는 제피, 두릅, 엄나무, 그 정도가 그 여자가 가진 지식의 전부야. 하니, 지금은 제일 흔한 두릅에라도 올인 할 수밖에. 문제는 그마저도 이삭줍기 수

준이라는 거지만 말이야.

사실, 온 산에 두릅나무가 자생을 하고 있어. 흉측한 가시를 앞세웠지만 나도 더러 연한 순을 즐기기는 해. 그러나 그보다 훨씬 더 많은 양을 사람들이 꺾어 가지. 봄이 오는가 싶으면 여기저기서 사람들이 다녀가. 주로 낯선 외지인이 상습적으로 채취를 해가지만 인근의 마을 사람들도 못지않게 꺾어가곤 해. 그들은 알잖아. 언제, 어디로 가면 두릅을 손에 넣을 수 있다는 것을 말이야. 그런데 시장에서 돈 주고 사 먹을 줄만 알던 도시여자가 무슨 요량이 있겠어. 두릅, 두릅 하니까 슬며시 동참을 해보았을 거야.

두릅순이라는 것이 막 올라온 연한 순을 말하는데 처음에는 보이는 것을 마구잡이로 따더라고. 순식간에 봉지가 불룩해지자 여자는 한껏 신바람을 내더라고. 역시 산은 빈손으로 돌려보내지 않는다나 뭐라나. 다른 사람들은 질기다고 쳐다보지도 않는 것을 보물 다루듯 꺾는 모양새라니. 그리곤 의기양양 하산을 하더라고. 푹 데친다 해도 나뭇가지처럼 씹힐 텐데 말이야. 아니나 달라. 결국 마당 한구석에 수북하게 버려놨더라고. 그렇게 두어 번 시행착오를 하더니 요즘은 조금 보는 눈이 생긴 것 같아.

겨우 사람들이 놓치고 간 것들이나 챙기는 수준이지만, 여자는 끈질기게 산을 찾아. 어쩌다 제대로 된 두릅순을 만나기라도 하면 제법 환호를 하면서 말이야. 그냥 돈 주고 사 먹지 왜 저리 고생을 할까 싶지만, 고작 두릅순 하나로도 자족 할 줄 아는 소박함을 연습하는 중인지도 모르지. 하긴, 이곳에 뿌리를 내리려면 그것부터 배우는 게 맞는 것 같기도 하지만.

날마다 쑤시고 다닌 덕분에 여자는 여기 저기 숨겨져 있던 두릅의 서식지를 대부분 파악하는 쾌거를 거두었지. 딴엔 내년을 기약하지만, 내가 보건데 내년 역시 크게 다르지는 않을 거야. 초짜를 벗어나려면 그만큼 시간을 투자해야지. 어디 금세 이곳 사람들의 행보를 따라잡을 수 있겠어? 여자는 그런 것에 대해 그다지 괘념치 않는 눈치지만, 보는 내가 좀 안타까워서 말이야. 어떤 때에는 여자의 손을 끌고 가서 내가 비상용으로 찜해둔 거라도 내어 주고 싶어진다니깐.

드디어 커다란 밀짚모자를 눌러 쓴 여자가 모습을 드러내네. 그 뒤로 남자하나가 따라와. 이따금 동행하던 남자야. 비 온 뒤라 공기가 참 청량하다며 여자가 너스레를 떠네. 시큰

둥한 걸 보니 아마도 남자는 마지못해 따라오는 길인 거 같아. 비가 그치고 산이 어두컴컴해서 혼자 오기가 망설여졌겠지.

찰칵, 찰칵. 여자가 셔터를 눌러. 일천한 지식을 타개해 보려고 하는 노력의 일환일거야. 언젠가 그랬거든. 스마트 폰에 무슨 어플을 깔아서 사진을 찍어 올리면 이름을 알려준다고. 흔하디흔한 달맞이꽃도, 가시상추도 그걸 통해 배우더라고. 씨주머니가 낙하산 같이 생겼다며 찍어 올린 사진에는 누군가가 쥐방울덩굴이라는 답을 주었나 봐. 여자는 이제 보랏빛 오종종한 꽃을 매단 으름덩굴도, 야생 오갈피도 알아봐. 장족의 발전이지. 보고도 못 보는 맹목을 벗어나기 위해 부지런히 발품을 팔아가며 첨단 문명의 이기를 활용하는 여자. 아는 것이 늘어나면 욕심도 늘어나지 않을까 걱정이 되긴 해. 나는 그냥 지금처럼 조금은 맹하게 눈 먼 이삭이나마 천금처럼 귀히 여기는 여자가 더 좋은데 말이야.

오늘도 별 수확이 없나봐. 어제 비가 조금 내렸다고 해서 없던 순이 불쑥 자라나겠어? 달고 온 남자에게 미안한지, 개나리 모종 두 개를 캐 가네. 몇 발짝만 오르면 지천인 개나리를 캐다가 어디다 심으려고 그러는지. 제 욕심대로 가져가면서 한마디는 잊지 않네, 오늘도. 역시 산은 빈손으로 내려 보내지 않는다고. 아무튼 웃기는 여자야.

탈래탈래, 여자가 산을 내려가. 내일은 또 어느 골짜기에서 여자를 만나게 될는지. 요즘은 나도 괜히 여자가 기다려지네.

(2019.4)

# 모전자전

뿌린 대로 거두 듯, 목숨은 다시 목숨으로 소생한다고 믿으시는 것일까. 평생 땅의 섭리를 신봉해온 윗집 어르신은 축사 뒤 널따란 채전에 생떼 같은 소 두 마리를 평장했다. 소를 심어 소가 싹튼다면 애닯기가 덜하겠지만 그런 부활은 보도 듣도 못했으니, 한동안은 속 꽤나 끓이실 터이다.

제 어미를 따라가라고 나란히 묻어줬다는 어르신의 얼굴이 퀭하다. 눈자위로는 붉은 기가 축축하다. 휘적휘적 마당을 가로질러 흙 묻은 나무 데크에 무겁게 몸을 내려놓으며, 한숨인지 안도인지, 휴우, 깊은 숨을 뱉어내신다. 두 이레 동안 어르신을 휘몰아치고 간 폭풍의 시간이 날숨 속에 진득하게 묻어난다.

"사람하고 똑같데이."

어미소가 떠나던 날, 나는 소도 사람처럼 열 달 동안 뱃속에서 제 새끼를 키운다는 걸 알았다. 간밤에 일어났다는 어미소의 참사를 전하는 어르신을 향해 생뚱맞게도 왜 소의 임신기간이라는 학구적인 질문을 했는지는 모르겠다. 아마도 적당한 위로의 말을 찾아 내 안을 뒤적거리다가 불쑥 튀어나왔을 게다.

일주일전에 출산을 한 어미였다. 그날도 평소처럼, 어르신은 일찌감치 우리 집으로 내려와 달달한 모닝커피를 즐기셨다. 식구가 늘었는데, 희한하게도 낳았다하면 수송아지라고 잔뜩 상기된 목소리로 너스레를 떨기까지 하셨다. 마침, 낳기만 하면 암송아지라는 이웃이 동석을 하고 있어 부러움의 시선을 은근히 즐기시기도 했다. 수소와 암소의 가격 차이가 작지 않았으니.

그로부터 이삼일이 흘렀다. 노산老産이라 그런지, 어미가 태반을 쏟지 못한다며 걱정을 하셨다. 오래 소를 키웠어도 그런 경우는 처음이라더니 여기저기 이웃 축사에 문의를 하시는 것 같았다. 새끼한테 젖을 빨려야 하는데 영 기운을 차리지 못하니 영양제라도 맞혀야겠다는 말씀을 혼잣말처럼 흘리며 삽짝을 나서셨다.

수의사가 두어 차례 다녀갔다. 그때마다 어르신은 '닝게루 디랐다.'라는 한마디로 상황을 정리해주셨다. 출산의 예후가 좋지 않아 치료 차 링거를 꽂았다는 의미였다. 의학의 힘을 빌려 며칠 몸을 추스르는가 싶더니, 그날 새벽 어미소가 덜컥 명줄을 놓아버렸더란다.

고작 한 이레 밖에 안 된 송아지가 죽은 제 어미 곁에 안기듯 누워 있더라며 그날은 눈물바람으로 하루를 여셨다. 몸값이 기 백만 원씩이나 한다니 경제적인 상실감도 만만치는 않을 터. 뜨거운 커피 한 잔으로 헛헛함을 여며 드리는 수밖에 없었다.

어르신을 따라 축사로 올라갔다. 죽은 어미는 산더미 같은 몸을 눕힌 채 두 눈을 부릅뜨고 있었다. 사람이나 짐승이나 제 새끼에 대한 애정은 한가지로 절절한 것인가 보았다. 덩치만 컸지 핏덩이나 다름없는 자식을 두고 가는 심정이 오죽했을까. 끝내 눈 감지 못하는 모성에 콧등이 시큰거렸다. 마음 같아서는, 내 소관도 아니면서, 젖병을 물려서라도 잘 키워줄 테니 편히 가라고 어미의 마지막을 거들고 싶었다.

천근만근으로 식어버린 어미의 몸을 끄집어내기 위해 포클레인이 동원되었다. 예닐곱 마리의 한 지붕 식구들을 뒤로 하고 거대한 어미소가 모습을 드러냈다. 나는 멀찍이 서서 짐짝처럼 허공에 매달려 가는 어미를 배웅했다. 그리곤 어둡고 퀴퀴한 축사로 서둘러 걸음을 옮겼다. 어미 없이 살아 내야 할 어린 것이 자꾸만 눈에 밟혀서였다.

어미가 널브러져 있던 자리가 휑했다. 제 어미를 데려가는 요란한 기계음에 주눅이 들었던 것인지, 갑작스런 어미의 부재가 두려웠던 것인지, 송아지는 한쪽 구석에 잔뜩 웅크리고 있었다. 제 가슴팍에 고개를 깊숙이 묻은 채 달달 떨고 있는 녀석의 잔등을 쓸어내렸다. 머리에서 꼬리께를 더듬어 내리는 내 손이 어미를 생각나게 했는지, 녀석은 고개를 들어 나를 멀끔히 바라보았다. 그리곤 따뜻한 혀로 내 손을 연신 핥았다. 그러나 끈적거리는 타액으로 손등이 축축해지도록 녀석을 매만지다 돌아서는 수밖에 없었다.

축사 뒤 밭 귀퉁이에 어미를 묻어주고, 팔순을 목전에 둔 어르신의 새삼스런 육아가 시작되었다. '저거라도 살리야지.' 물물이 어미소가 생각나겠지만, 어르신은 잊은 듯이 송아지에게 매달리셨다. 커다란 젖병에 우유를 데워 들고 하루에도 몇 번씩 들락거리셨다. 곤한 초저녁잠도 포기하고 젖병을 물리는 눈치였다. 송아지가 당신을 알아보는 건지, 축사 바깥으로 고개를 길게 빼고 기다리거나 강아지마냥 졸래졸래 따라다닌다고, 만날 때마다 녀석의 근황을 전해주셨다. '불쌍타, 불쌍타.' 하시는 어르신의 마음이 거뜬하게 송아지를 키워낼 것이라 믿었다.

다시 수의사가 호출되었다. 예서 치이고, 제서 구박당하며, 어미 없는 하늘 아래 홀로 서는 일이 고달프기는 해도 잘 먹고 제법 활기가 돌던 녀석이었다. 저보다 한 달 먼저 세상에 나왔다는 형뻘 송아지를 비빌 언덕 삼아 나란히 등 붙이고 누운 것을 몇 번인가 보기도 했다. 그러나 어미가 아니고는 해갈되지 않는 무엇인가가 더 있는가 보았다. 고작 며칠인데도 살이 내리고 피로감이 선명해질 정도로 정성을 다하셨던 어르신이건만 어미를 보내고 이레 만에 송아지도 놓쳐버리셨다. 제 어미가 데려간 모양이라며 눈물콧물을 찍으시는 어르신을 보며 내 탓이 아닌데도 괜히 송구해지는 마음이었다.

축사 너머 저만치 어미母와 아들子이 묻힌 밭田이 보인다. 그들이 앞서거니 뒤서거니 자연으로 돌아가는 데는 꽤 긴 시간이 필요할 것이다. 비록 한동안은 낙심의 그늘에서 시르죽어 지내시겠지만, 어르신은 그들 모자가 손잡고 떠난 땅에서 아귀차게 일상을 일굴 것이다. 소 심은 데 소가 나지는 않을 것이나, 그들의 뼈와 살이 또 다른 생명의 물꼬를 왕성하게 터 줄 테니까. (2020.5)

# 내 눈에 눈뜨다

기행의 마무리는 늘 K선생의 몫이다. 붉고 노란 풍경 사진으로부터 단체사진, 끼리끼리 사진에, 나 홀로 사진까지 원하기만 하면 무상으로 무한 제공한다. 자칭 재능기부요, 취미생활이라 하지만 '찰칵' 셔터를 누르는 시간 뒤에 지불해야할 품이 녹록치는 않은 일이다. 그것을 알면서도 선생이 앵글에서 끄집어낸 여행의 뒤풀이, SNS 속 사진전을 은근히 기다리게 된다.

카톡을 열자 선생이 보낸 사진이 바둑판처럼 열렸다. 이번에도 얼추 백여 장은 됨직했다. 만추의 서정을 배경으로 알록달록 차려 입은 회원들의 면면은 단풍에 뒤질 바가 아니었다. 자유가 있으나 자유스럽지만은 못했던 세상에서 일상 탈출이라는 귀한 자유를 증표로 남겨두겠다는 듯, 저마다 피사체로서의 끼를 한껏 발휘하고 있었다. 홀로 또는 여럿이, 사진 속의 나도 그들과 더불어 자유로운 일인一人이었다.

청탁이건 작품집이든, 여태 K선생께서 제공해준 프로필 사진을 유용하게 사용해오던 터다. 시절이 하 수상하여 함께 어울릴 기회마저 차압당하는 바람에 사진을 업데이트하지 못했다. 매번 같은 사진을 여기저기 날리다보니 나 스스로조차 식상해질 수밖에 없었다. 간만의 기회를 놓칠 수 있으랴. 사진이 필요하노라, 만나자마자 선생께 부탁을 했던 참이다.

덕분에 프로필용으로 몇 장을 건네받았다. 모과와 석류가 소담스럽게 담긴 바구니를 앞둔 사진은 한 유명 시인의 문학관 내 북카페다. 장구한 역사를 자랑하는 어느 성당 입구의 목 긴 대국 옆에 선 사진도, 왠지 쓸쓸해 보이는 성당 뒤란의 한적함 속에 멀뚱하게 찍힌 사진도 마음에 들었다. 그러나 죄 눈이 문제였다. 그나마 뜬 시늉이라도 하고 있는 두어 장을 제외하고 거의 다 굳게 감은 눈이었다.

사진관집 딸로 유년과 청년기를 보낸 이로써 체면이 깎이는 일이기는 하지만 나는 사진만 찍으면 눈을 감아버린다. 잠시잠깐의 셔터 스피드와 내 눈의 깜빡거림이 일치할 확률이 그렇게 높은 것인지, 거의 매번 그러했다. 같은 컷 속으로 포즈를 잡은 사람들한테는 민폐도 보통 민폐가 아니었던 셈이다. 하여, 가능하면 렌즈를 비켜 다니는 편이었다. 가까이 지내는 이들은 모두 알고 있는 사실이라 눈만 뜨게 찍어주면 최상의 사진사라고 너스레를 떨기까지 했다.

오래 교류가 있어온 선생 또한 그것을 모르지 않을 터. 그런데 이번에는 유독 눈 뜬 사진이 보이지 않았다. 찰나를 잡아내는 일이 말처럼 쉽지는 않을 것이나 혹여 몰라 한 컷을 두고 두세 번씩이나 셔터를 누르는 걸 봤는데, 건질 게 없었다. 하는 수 없이 마감이 임박한 원고에 닳고 닳은 프로필 사진을 또 우려먹기로 했다. 그리고 다음을 기약하며 쿨하게 마음을 접었으면 내 주제를 확인하는 참담함이 없었을까.

나는 신체 기관 중 가장 큰 것이 눈이라고 생각한다. 크든 작든, 세상 모두가 눈 안으로 들어온다. 산도, 들도, 하늘도,

바다도, 깎아지른 빌딩도 가볍게 당겨 넣을 수 있으니 이보다 더 포용력 큰 기관이 어디 있으랴.

내게 내 눈이 보이지 않으니 눈이 작다는 생각도 실상은 별로 해보지 않았다. 남이 보는 걸 못 보고 사는 처지가 아니라서 딱히 체감할 필요가 없었다는 게 맞겠다. 그런데 왜 그 큰 눈이 카메라 앞에서만 문제를 일으키는지 모를 일이었다. 개미만한 초점하나 품어 안지 못하고 질끈 감아버리는 옹졸함이라니.

오징어가 씹는 맛이라면, 사진은 두고두고 꺼내보는 맛이다. 틈 날 때마다 폰을 열어 갤러리를 어정거렸다. 당겨보고 밀어보며, 그날, 그 사람들을 되새김질했다. 와중에 신대륙에 버금가는 발견을 하게 되리라고는 상상도 하지 못했다.

무심코 나를 확대해보니 두 눈을 번연히 뜨고 있는 것이었다. 원래의 크기로 돌려놓으면 감은 눈이 분명해 보이고. 황당했다. 큰 눈은 아니나, 결단코 뜬 건지 감은 건지조차 모호해할 정도는 아니었는데. 그제야 K선생께서 별다른 언급 없이 사진을 보낸 일이 이해가 되었다. 하마터면 선생의 성의를 무성의라 호도하며 서운타 할 뻔했다.

오래전, 아버지께서 사진관을 운영하셨을 때였다. 이따금 '이게 어떻게 나냐고' 태클을 걸어오는 손님이 있었다. 우리 눈에는 영락없는데 사진이 잘못 나왔다는 것이었다. 실랑이를 하다 불편한 얼굴로 돌아서는 이가 있는가 하면 끝내 다시 촬영을 요구하는 이도 있었다. 그런들 원판불변의 법칙이 어디 갈까. 이전과 크게 다르지 않은 사진에 더는 군담을 달 수 없었을 게다.

요즘은 더러 포토샵으로 기교를 부리기도 하지만, 사진은 정직할 수밖에 없는 예술이다. 사진 속의 나, 그리고 내 눈도 있는 그대로라는 뜻일 게다. 떠도 뜬 것이 아닌 눈, 어느 새 내 눈이 그렇게 변한 모양이다.

참담해하지는 않기로 했다. 사물을 인지한다는 원초적인 소명에 게으르지 않는 이상 눈을 향해 그 어떤 책임도 묻지 않을 작정이다. 큰 것은 작아지고, 작은 것은 더 작게 만드는 것이 세월일 테니까. 그나마 눈을 뜨고도 보지 못하는 맹목은 아니라서 다행이라고 작아진 눈을 옹호하지만 씁쓸한 마음까지는 가셔지지 않는다.

아프리카에서는 사자와 표범 등 대형 육식동물이 주변의

가축을 공격하는 일이 잦단다. 자구책으로 소의 엉덩이에 커다란 눈 모양을 그려 넣었더니 피해가 크게 줄어들었다고 한다. 고양이과 맹수들이 목표물과 정통으로 눈만 마주쳐도 사냥을 포기하고 돌아서는 것에 착안을 해서 실험을 했다나. 있는 듯 없는 듯 작은 눈의 소유자인 나는 공격자들에게 무방비나 다름없다는 말이겠다.

순간, 피식 웃고 만다. 물고 뜯고, 먹고 먹히는 험난한 서식지를 탈출한 내게 공격자가 어디 있으랴. 사방 둘러 나무와 새와 하늘과 땅이 전부인 곳에서 눈을 부릅뜨고 살펴야 할 포식의 무리도 있을 리가 없으니 얼마나 다행인가.

하마터면 씁쓸할 뻔했던 오늘, K선생께 미뤄두었던 인사를 전해야겠다. (2022.11)

# 페이드아웃

파리가 거의 스토커 수준이다. '찍히면 죽는다', 제목부터 어마무지한 공포 영화처럼 한 번 따라붙으면 포기를 않는다. 귓전에서 웽웽거렸다가 머리에 앉았다가 팔뚝을 스멀거리다가…, 무한반복으로 치근거린다. 귀찮아 죽을 지경이다.

저들도 살자고 태어난 목숨, 웬만하면 순명할 권리를 존중해주고 싶기는 하다. 그러나 그들에게는 36.5도의 인체와, 그 인체가 만들어내는 따뜻한 부산물을 포기할 의향이 도무지 없어 보인다. 떨고 쫓고 야단법석을 피워도 약만 올린다. 눈치는 또 얼마나 빠른지, 파리채에 손만 가도 잽싸게 꽁무니를 숨겨버린다. 고작 손톱보다 작고 여린 목숨 하나를 두고 유난을 떠는가 싶지만 천만의 말씀이다. 은근히 온 신경을 곤두서게 만드는 통에 절로 박멸의 의지를 불태우게 된다. 하여, 반경 팔길이 내에 파리채가 상시 대기 중이다.

'이것들 여기다 두면 벌레 안 생겨요?'

지난겨울, 간만에 들른 아들 녀석이 냉기에 쫓겨 거실로 들어온 화분들을 보고 한 말이다. 꽃이든 나무든 흙을 모태로 살아가는 것들이 벌레의 진원지라는 막연한 생각이 시골을 벌레천국으로 인식하게 만드는지 모른다.

실상 벌레에게서 자유로울 수 없는 곳이 시골이기는 하다. 이곳에서 내가 만난 벌레들만 해도 수십 종류는 족히 넘을 것이다. 파리나 모기, 바퀴벌레처럼 이미 익숙해진 것에서부터 생물도감에서나 본 것, 생물도감에서조차 보지 못한 것도 흔하다. 징그럽게 생긴 것, 첫 눈엔 징그럽지만 자세히 보면 귀여운 것, 민둥한 것, 털이나 주름이 있는 것, 긴 것 짧은 것, 검고 희고 붉고 푸른 것…. 반백년을 살아온 땅에서 처음으로 만나지는 생명들이 어찌 이리 많은지. 그간의 내 지식이 얼마나 불완전한 것이었는지에 대해 새삼스런 각성을 하게 되었다고 할까. 해질녘 고샅길이라도 얼쩡거릴라치면 이름 모를 날벌레들이 떼거리로 눈앞을 오간다. 혹여 비문증에 걸린 게 아닐까 싶어질 정도다. 자칫 마음 놓고 숨을 쉬었다간 코로 목구멍으로 본의 아니게 그들을 들이마시는 참사까지 겪게 된다.

성도, 이름도 모르는 것들이 기고 뛰고 난다. 그리고 때로 깨문다. 그 중 요즘 들어 가장 성가신 벌레가 파리다.

문이 열리는 틈만 노린다. 아무리 단속을 해도 귀신 같이 실내 입성을 해버리는 녀석들이라 겨우 한두 마리를 가지고도 종일 씨름을 하게 된다. 황야의 무법자처럼 나대다가도 어느 순간 살자고 도망을 치고, 성인군자처럼 두고 보다가도 죽이자고 추격전을 벌이는 두 캐릭터가 종종 한편의 코미디를 연출한다.

탁! 결국 한 방이면 응징을 당하고 마는 파리 목숨 주제에도 매복술 하나는 끝내준다. 몇 만개의 낱눈 덕분인지 몸 숨길 곳을 찾는데 일초도 걸리지 않는 것 같다. 순간적으로 행적이 묘연해지는 까닭에 닭 쫓던 개처럼, 왕창 체면을 구긴

적이 한두 번이 아니다. 그럴 때면, 한낱 미물 앞에서 영장의 체면이 무색해지고 만다.

참다 참다 파리채를 든다. 그러나 오늘만은 살생이라는 무리수를 두고 싶지 않다. 그것은 지금 이 순간, 살기 위해 죽을 힘을 다하고 있는 한 생명 때문이다.

람사르가 지정한 생태보전지역이며 습지가 많아 각종 새들의 서식지가 되는 곳으로 이사를 왔다. 유명세답게 아침이면 새소리에 눈을 뜨고 그들만의 오케스트라에 솔깃하다 보면 하루가 간다. 이 산 저 산, 정체를 감쪽같이 숨긴 채 목소리만으로 자신을 알리는 까닭에 새란 귀로 보는 동물쯤으로 정의가 되어 버렸다.

특히 이맘때면 참새들 천지다. 그 작은 새들은 까마귀나 백로 같은 덩치 큰 새들과 달리 개체수로 승부를 건다. 그들이 일시에 날아오를 때면, 마치 누군가 하늘을 향해 촘촘한 그물을 던지는 것 같은 장관을 연출한다. 그러나 낭만은 딱 거기까지였다. 너른 창공을 두고 굳이 태양광 기둥이라는 블랙홀 속으로 날아들어 나를 시험에 들게 하는 녀석이 있을 줄 어찌 알았으랴.

이사 온 첫해였다. 푸드득, 푸드득. 소리의 진원지를 찾느라 꽤나 애를 먹었다. 행여 낯선 침입자가 있는지, 넓지도 않은 집 주위를 몇 바퀴씩이나 샅샅이 돌았다. 엘로드를 들고 수맥을 더듬는 사람처럼, 족히 두어 시간은 오만 촉수를 곤두세웠다. 결국, 범인은 태양광 패널을 떠받치고 있는 네 개의 커다란 쇠파이프 기둥 중 한 곳으로 들어간 새였다. 사각의 관이 가로세로로 연결되고 그것을 지지하기 위한 장치까지 미로처럼 되어 있어 한 번 들어가면 좀처럼 출구를 찾아 나오지 못하는 구조라고 했다.

당황스러웠다. 아무리 비행의 고수라한들 날개마저 소용없는 좁디좁은 어둠 속을 날아오를 비책은 없을 터였다. 막다른 상황에서는 초능력을 발휘하기도 한다지만, 주먹만 한 녀석이 도움닫기를 해서 어른 키의 두 배가 훌쩍 넘는 관을 빠져나올 수 있으랴. 해줄 수 있는 일은 없고 녀석은 금방이라도 숨이 넘어갈 듯 하고. 관을 두드려 어서 나오라는 신호를 보내며 기다란 줄과 천을 늘어뜨려 녀석을 유도했지만 기적은 일어나지 않았다.

세차던 날갯짓에 점점 힘이 빠지는가 싶더니 소리의 주기도 길어졌다. 그렇다고 집채 만 한 시설물을 철거할 수는 없는 노릇이라, 종일 애만 태우다가 결국 녀석을 놓치고 말았다. 수백, 어쩌면 수천도 더 될 무리 속에서 녀석은 홀로, 외로이 페이드아웃Fade-Out된 셈이었다.

급작스레 이루어진 녀석의 부재를 그의 무리들은 알까. 오작교를 만드는 새도 있다는데, 그들 중 누구라도 눈치 챘다면, 동족을 구출하기 위해 무엇이든 하지 않았을까. 아니면, 세상에 널린 허방을 딛고 하나둘 사라지는 것이 그들의 자연스런 순명일 뿐일까. 아무 일 없다는 듯 여전히 우르르 몰려다니는 참새 떼들을 보면서 부질없는 생각에 한참동안 발목이 잡혔다.

어쨌거나, 다시는 경험하고 싶지 않은 일이었다. 남편은 사다리를 타고 올라가 아슬아슬 파이프를 건너다니며 구멍을 모두 막았다. 거창한 박애주의자는 아니지만, 최소한 우리의 이기와 편리 때문에 꺼져버리는 목숨이 있어서는 안 되겠다는 생각 때문이었다. 그리고 한동안 새는 다시 목가적 풍경의 하나가 되어 주었다. 최소한 오늘 아침의 사달이 있기 전까지는.

아침부터 생과 사의 혈투를 벌이는 녀석 때문에 종일 심난을 벗어나지 못하고 있다. 지난여름 두어 번의 태풍으로 막아놓은 구멍의 일부가 떨어져나간 것을 미처 알아채지 못한 까닭이었다. 믿거니 하는 마음에 남편이나 나나 한 번도 꼭대기를 올려다보지 못했다. 억지로 몸을 구겨도 쉽지 않을 만치 작은 틈이건만 하필이면 그 속으로 빠져버렸는지, 녀석의 부주의가 원망스러울 따름이다.

춥고 어두운 공간에서 삶의 등불을 지키느라 안간힘을 쓰고 있을 녀석이 눈에 선하다. 그 등불은 점점 조도가 낮아지고 끝내 암전되고 말 것이다. 비겁하지만, 소리에서 최대한 멀어있는 수밖에 없었다. 녀석의 부르짖음이 들리지 않도록 사방으로 문을 걸어 닫고 들앉았으나 그럴수록 귀를 쟁쟁 울리는 죽음의 템페스트Tempast.

파리채를 내려놓는다. 운 좋은 녀석이다. 참새 한 마리의 소신공양 덕분에 파리 목숨 하나가 오늘을 살아남았다. 환하게 페이드인Fade-In 되는 파리의 날갯짓이 아름차다.

(2020.10)

## | 책을 닫으며

다행이다. 육신은 예 있었으나 정신은 더러 제를 기웃거리기도 했던 다섯 해. 그 좌충우돌의 기억들을 글로 갈무리할 수 있어서. 돌아보면, 매순간 발바닥을 긁어 새로운 뿌리를 끄집어내는 일에 골몰했다. 세월의 무상함도, 써야한다는 의무감도 내 것이 아니었다.

끝은 시작을 예비하고, 시작은 늘 끝을 향해 달려간다. 글도 그러했다. 점점 게을러지는 나를 방어하기 위해 몇 번인가 끝을 외쳤으나 나는 아직도 글의 반경 안에서 가장 평화롭다. 다시 다섯 해의 후쯤에도 내 곁에 글이 남아 있었으면 좋겠다. 고작 그 한마디로, 그간 글이 내게 베푼 후의를 치하해도 괜찮을까.

- 어느 팔월의 반성 -

# 따듯한 기울기

**초판1쇄 발행** 2023년 8월 25일

**지은이** 문경희
**펴낸이** 이길안
**펴낸곳** 세종출판사

**주소** 부산광역시 중구 흑교로 71번길 12 (보수동2가)
**전화** 051－463－5898, 253－2213~5
**팩스** 051－248－4880
**전자우편** sjpl5898@daum.net
**출판등록** 제02-01-96

ISBN 979-11-5979-617-3 03810

정가 15,000원